先代は教えてくれない

二代目社長の生き残り戦略

今あるものを「捨てる」覚悟「守る」使命

大澤 希
株式会社フィールドプロテクト
代表取締役社長

合同フォレスト

はじめに　二代目社長はノイズを聞いてはいけない

■二代目社長の試練とは、先代と比較されること

二代目社長にとって一番辛いことは何でしょうか。それは先代の社長と、比べられることです。とくに二代目のまわりにいる人々は〝必ず〟先代と二代目を比較します。まわりとは、家族や従業員、幹部、取引先、お客様のことです。

二代目は、経営のやり方や考え方を先代と比べられてしまうため、そのチャレンジや改革が、ことごとく否定されてしまいます。それが原因で、二代目である社長自身も先代と比較したり、そこにとらわれて身動きが取れなくなってしまったりするのです。

二代目社長の経営にとって最初に打ち勝ち、乗り越えなければならないのが、この**「先代と比較される」**ということではないでしょうか。

比べた人たちは「先代のほうが良かった」と口々に言います。それが二代目社長の自信を失わせ、新しい経営に大きくブレーキをかけてしまうのです。当たり前のことですが、

１００人の経営者がいたら、１００通りの経営があります。先代と同じことを行う必要はありません。経営は人が行うもの。先代と同じことを行うのが目的ならば、ロボットかＡＩに任せればいいのです。

経営は、守ることではありません。ただ守りに入っているだけの会社は、１００パーセントつぶれると断言できます。創業から１００年以上続く会社も、守りではなく、攻めているからこそ、今日に生き残ることができているのです。

■二代目社長は「捨てる経営」を目指そう

本書を手に取った方は、二代目・三代目の経営者が多いのではないでしょうか。もしかしたら、自分の息子・娘に読ませたいと思っている創業者の方もいるかもしれません。

二代目社長が自分を発揮して、事業を通じて社会に貢献できる企業に会社を成長させるためには、人材や事業、会社そのものなど、**今すでにあるものさえ「手放す覚悟」**が必要だと考えています。

すなわち、「捨てる経営」です。

例えば星野リゾートは、格式や伝統のある旅館業というこれまでのビジネスモデルから、リゾートの運営業という自社の新たな可能性を切り開きました。その結果、地方の温泉旅館から世界に名だたる企業に変貌を遂げ、多くのマスコミに取り上げられる企業になりました。

当然、古くからの商習慣や取引先や地域との関係など、切っても切れない関係があったことでしょう。得てして、こうしたしがらみが原因で変わることができずに、市場から退場させられる企業は多いものです。

星野リゾートがそうしたしがらみを断ち切り、経営者としての夢を形にできたのも、「今あるものを守る」という考え方を捨て、**手放す覚悟で経営の舵を取ったから**に他ならないのではないでしょうか。

二代目社長の経営は、守ることではありません。経営者自らが「会社は守るもの」という幻想を捨て去り、挑戦していく心を身につけられるのか。そんな「手放す覚悟」が二代目には問われるのです。

今ある何かを手放さないと、新しい風は入ってきませんし、新しいことへのチャレンジもできません。しかし、新しい社長が新しいことをやると、ほぼ間違いなく批判の嵐にさらされます。これは覚悟しておいてください。

しかし社長の責務は、経営者になった者でないとわからないですし、見えてこないものです。見えない人、やったことがない人の意見に引きずられる必要はありません。新しいことにチャレンジして、結果で示せばいいのです。数字を示してこそ、初めて社長は評価されます。

そして何より、私たちは**社長である前に私たち自身の人生を生きるべき**です。自分の人生を生き抜くうえで、社長という役割ほど活用できるリソースはありません。そのリソースを使って、一度しかない人生を思い切り面白いものにしようではありませんか。

私自身、廃棄物の収集やビルメンテナンスを手がけていた父の会社を承継して、色々なことを経験してきました。その中で実感しているのは、すでに会社や社員、事業基盤があるからこそ、二代目社長は思い切り新しいことにチャレンジしやすい立場だということです。

社会の課題解決に向けて立ち上がる起業家はたくさんいます。しかし、そのうち何パーセントの企業が5年後も生き残っているでしょうか。ゼロからイチを生み出すことは簡単ではありません。ですが、二代目社長にはすでにベースとなる事業があります。その事業を「守る」ことを手放して、会社そのものを、社会にインパクトを与えるチャレンジをするためのリソースだと位置づけるのです。

そうすれば、私たち二代目社長は、誰よりも高確率で、起業家として社会の課題を解決できる存在になれます。それこそが、私たちが先代から事業を受け継ぐことになった本当の意味だと私は考えます。

私たちがそこに気づき、しっかりと自分の人生を歩み始めた時、先代をはじめ、創業者、歴代の経営者たちは、きっと心底喜んで応援してくれるはずです。

目次

第2章 二代目社長はやりたいことをやろう——社員が辞めることを恐れない

第3章 二代目社長のメンタルの保ち方——非難や反発とどう折り合うか

第4章

社長は自ら社員に好かれようとしてはいけない

――適度な距離感で主体性を引き出す

第5章

社員を幸せにするのは社長の仕事ではない
――社長という肩書の価値観を壊す

第6章 会社経営では捨ててはいけないものもある——捨てない選択基準

おわりに 家業にとらわれない挑戦を

第1章

新米社長が会社をつぶす本当の理由

――経営のWHYとHOW

1 二代目社長の9割は「守り型」経営

あなたがもし二代目社長なら、会社を承継した時にどんな思いが頭をよぎりましたか。

「絶対につぶせない」「自分がこの会社を守れるのだろうか……」「うまくいって当たり前だと見られている」。そんなプレッシャーを感じたのではないでしょうか。

すでにあるものを失うのは、誰だって怖い。二代目は、会社が存在している状態からスタートするので、経営が守りに入ってしまうのが宿命です。

私は44歳の時、父が急逝したことから、会社を承継しました。それ以来、うまくいって当たり前というプレッシャーと常に闘っていたかといえば、そんなことはありません。何かの拍子にそれを自覚するわけです。プレッシャーと闘っているというよりも、「守るのは当たり前」といった感覚です。

今あるものをどうしていくか。どうしたら利益を出せるか。どうしたら社員とうまくやっていけるのか。どうしたら社員がついてくるのか。会社を受け継いだ当初は、そんなことばかり考えていました。あのころは、守りの視点しかなかったような気がします。

中には、守りの意識がない二代目がいるかもしれません。しかし、それはごく少数派でしょう。私がそうだったように、**二代目のほとんどは守りからスタートする**のです。そして、そのまま「会社を守らなければ」という思いで経営を続けている二代目が、私が見る限り9割くらいを占めています。

2 世間の評価は1円の得にもならない

二代目は、とにかく先代と比べられてしまいます。それも、社内から、取引先から、世間から、そして家族から、あらゆる方面から先代と比べられて評価されます。

自分で起業した人であれば、少なくとも社内には比較対象となる人はいません。ところが、事業を継承した二代目は、身近に比較対象となる先代がいます。ですから、どうしても比較されやすいのです。

事業を承継した当初、私の耳にも色々な声が入ってきました。身近なところでいえば、母親の言葉です。母はどうしても夫である先代と息子の私を比べます。時折、母の口をついて出てくるのが「お父さんは○○だったのよ」という言葉。母は父と私を比べるつもりはなかったのかもしれませんが、私には「それに比べてあなたは」という言葉があとに隠されているような気がしたものです。

まわりが先代と比較するのは、何も悪意があってのこととは限りません。むしろ、悪気がない場合のほうが圧倒的に多いのです。私自身、私に対するマイナスの声ではないのに、自分で勝手にマイナスの評価だと捉えてしまうこともありました。世間の評価がどうしても気になってしまうのです。とりわけ事業がうまくいっていない時、まわりの声は自分を責めているようにすら感じられました。

それではなぜ、まわりの評価が気になるのでしょうか。それは、会社を守ろうとしているからです。守るとは、そのままの状態を維持するということ。守りに入ると、評価の物差しは「先代より良くなったか悪くなったか」にならざるをえません。

経営は、ずっとうまくいくことなどありえません。どの企業にも浮き沈みはあります。うまくいくかどうかなんて、誰にもわかりません。大切なのは、**何かが起きた時、次の手を考えて打てるかどうか、大丈夫だと自分が思えるかどうか**です。

うまくいかなくなったら、またチャレンジすればいいだけの話です。世間からの評価を気にすれば気にするほど、守ることばかり考えて萎縮してしまいかねません。チャレンジしなくなってしまいます。チャレンジしない会社は滅びるだけです。世間の評価を気にして守りに入るのは、1円の得にもなりません。それどころか、マイナスに作用してしまいます。

3 先代社長はＷＨＹで魅了し、二代目社長はＨＯＷで幻滅される

わが社の場合、まだ先代が生きているうちに私が取締役社長に就任して準備を進めていたので、事業承継はソフトランディングでした。

ただ、私は社長でしたが、代表権はなかったため、銀行融資を受けるにしても、代表取締役会長だった父が個人保証をしていたのです。もちろん、私は社長という立場から最終的な責任を負うつもりでいましたが、父という後ろ盾がある状態だったわけです。

でも、いつかは父がいなくなる。そんな思いが常に心の片隅にはありました。その時は、自分が代わりに経営できる自信がありました。しかし、私が44歳の時に父は突然亡くなり、自分が代表になってみると、現実にはできないことがすごく多いことに気づかされました。

父が存命中、私は代表権がないといっても、曲がりなりにも社長でした。経営にも深

経営にまず必要なのはHOWよりWHY

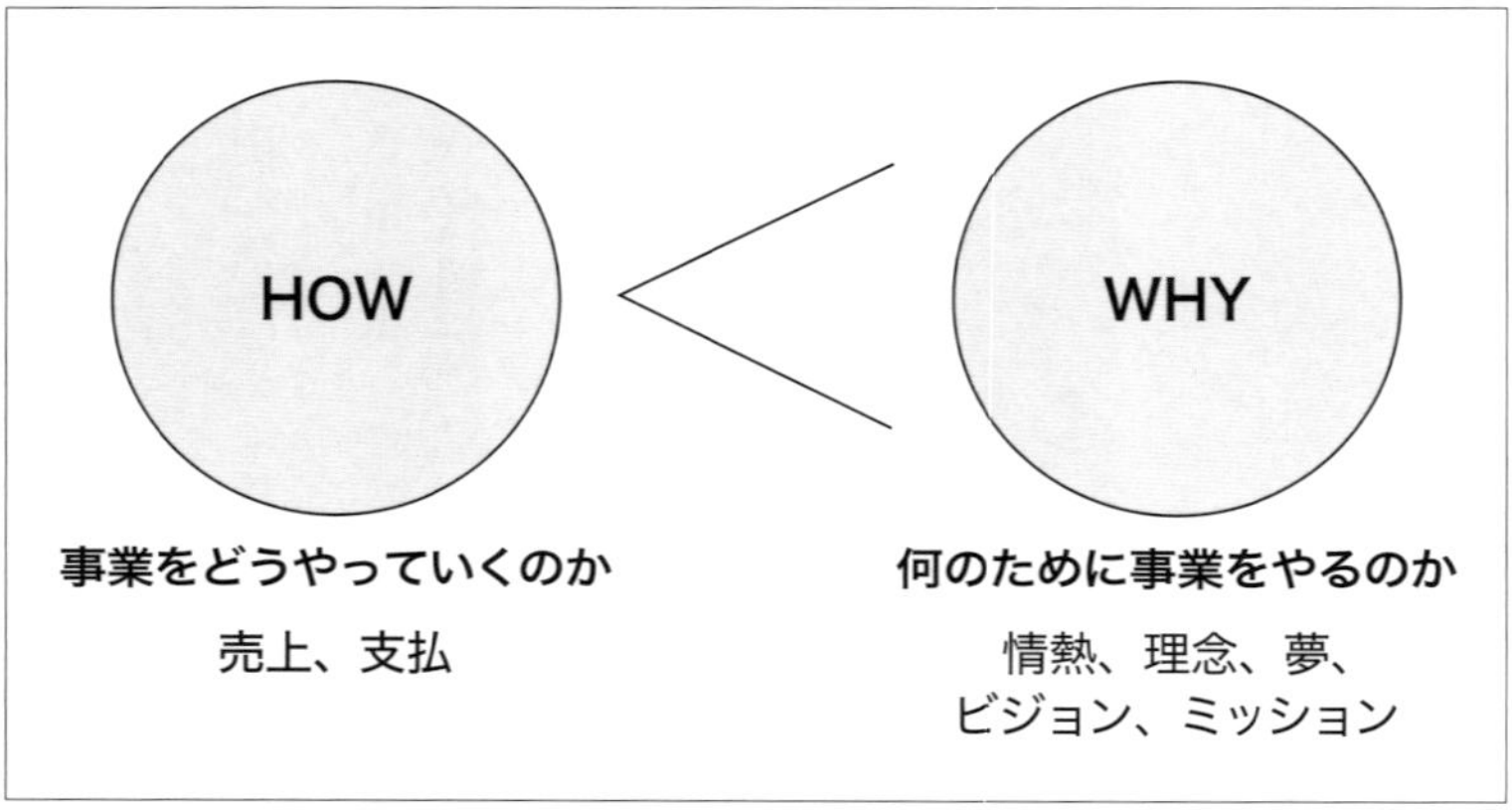

く関わっていたのです。それなのに、父が亡くなって代表になった途端、行き詰まってしまったのです。それはどうしてでしょうか。

答えは、「ＨＯＷ」で経営しようとしていたからです。「(事業を)どうやるか」ということばかり考えていたのです。**経営に必要なのはＷＨＹです。「(事業を)なぜやるか」、このＷＨＹなしに経営はできません。**

私は、父が存命中から、「何のために経営をするのか」というＷＨＹを自分自身に問いかけてはいました。幹部時代には、社員と一緒に理念やビジョン、ミッションをまとめました。しかしそれは本質的なＷＨＹではなく、いわば「当てはめているＷＨＹ」でした。その時々に、やっていることをＷＨＹに落とし込んだだけだったのです。

つまり、「ＷＨＹありきの事業」ではなく、「事業ありきのＷＨＹ」でした。

廃棄物の収集やビルメンテナンスといった事業ありきだった私は、「こうした事業をやっていく理由は何だろう」と考えたわけですが、創業者はまったく違いました。「これをやりたい」という「ＷＨＹありき」が起業の出発点だったのです。

例えば、「世の中のためにこれを提供したい」という情熱や「世の中のこれをこう変えたい」という使命感、あるいは「儲けたい」という夢をもって起業する人など、その出発点は様々でしょう。

いずれにしても、自らのビジョン、ミッションありきで起業するのではないでしょうか。そこに共感する人が集まったり、共感する人が商品を買ってくれたりして、会社は大きくなっていくわけです。ＷＨＹというものがあるからこそ、社会から必要とされ、共感する人が集まり、組織として成り立ち、ビジネスを広げ、価値を生んでいくのです。

二代目の場合、組織もサービスも顧客も揃っている状態からのスタートです。「じゃあ今やっているものをどうするのか」というＨＯＷばかりに気を取られてしまうわけです。

そんな二代目の言葉が、社員たちの心に響くはずはありません。私自身、代表になってみて、ＨＯＷでは社員たちを魅了できないことを痛感させられました。

4 ＷＨＹなしに、リーダーになってはいけない

創業社長は自分のＷＨＹを起点にして事業を起こしています。ですから自分のＷＨＹと会社のＷＨＹが完全に一致します。「なぜやるのか（ＷＨＹ）」と「どう経営するのか（ＨＯＷ）」もズレていません。なぜなら、創業社長のＨＯＷは、ＷＨＹから生まれたからです。ＷＨＹとＨＯＷに矛盾がないのです。

創業社長は、時にはセオリーから外れているような無茶もするでしょう。ＨＯＷがおかしい時もあります。しかし、揺るがぬＷＨＹがあるから、ＨＯＷが多少おかしくても強引でも、人は魅了されてしまうのです。

ところが、二代目社長は多くの場合、自分のＷＨＹと受け継いだ会社のＷＨＹが一致していません。先代のＷＨＹを引き継いだものの、自分の思いと一致していないパターンが多いのです。

私もそうですが、ビジョン、ミッションが大事だと頭では理解しています。ですから、

それらをつくります。ところが、自分が思っていることと、受け継いだ会社の事業が一致しているかというと、必ずしもそうではないのです。ですから、どうしても「どうやったらうまくいくか」「どうしたほうがいいのか」と、安全な策を選ぼうとするのです。

二代目社長は、自分流に改革してみたり、新たな手法を取り入れたりしますが、それらはあくまでもＨＯＷにすぎません。やり方にすぎないのです。

大前提としてのＷＨＹに説得力がない。明確に言語化されているものではないにしても、強烈なＷＨＹをもっているか、もっていないか。人が経営者を見る時、それを感覚的に察知するのではないでしょうか。

言い換えると、人としての芯の強さをもっているかどうかです。二代目にはＷＨＹの説得力がない。ＷＨＹの情熱や信念が感じられないのです。**ＷＨＹがないのに、リーダーになってはいけない。ＷＨＹなしに経営者になってはいけない。**

受け継いだ会社で何をするかは取りあえず脇に置いておいて、自分がそもそも何をやりたいのか、しっかりと自分と向き合っていくべきなのです。

5 明大野球部の伝説、島岡監督の「何とかせい」

私は明治大学の野球部出身です。在籍時期が重なっていないので、直接の指導は受けていませんが、明大の野球部にはかつて「御大《おんたい》」と呼ばれた名監督がいました。東京六大学リーグ優勝15回、大学日本一5回を達成した名将・島岡吉郎監督です。

驚くべきことに、御大はこれほどの実績ある監督にもかかわらず、野球経験がほとんどなかったそうです。自身が明大在学中は、応援団の団員でした。

試合で負けている時、御大がいつも放つ言葉がありました。「何とかせい」。このひと言です。選手への具体的な指示は、キャプテンが任されることが多かったといいます。御大が「何とかせい」と言うと、本当に何とかなったというのです。

何だかよくわかりませんが、「何とかせい」で何とかなる。これは経営も一緒だと思います。**「これをやるんだ!」という熱い思いや魂のようなものが、結局、理屈・理論を超えてしまうのです。**

私たちは、理屈や理論を勉強します。とくに二代目は恵まれた教育環境を与えられていることが多く、しかも勉強家です。会社を継ぐとなると、ピーター・F・ドラッカーの『マネジメント』を読むわけです。そして、そこに書かれているマネジメント理論を導入しようとします。

ところが、そこには「何とかせい」の魂がありません。必ず理論が成功するかというと、そんなことはありません。御大の「何とかせい」のほうが、人を動かすパワーをもっているのです。

自分が本当にやりたいことにチャレンジするのだという覚悟。もっというと、会社なんか別になくなってしまってもいい、そうなった時に考えればいいというくらいの覚悟があって、初めて理屈や理論、スキルが生きるのだと思います。

逆にいえば、創業者は魂だけで経営していることがあります。魂はあっても理屈・理論がないから、会社が伸びなかったり、事業が失敗したりすることもあるわけです。

二代目社長の役割として、先代のＷＨＹをいかに仕組みにしていくか、いかにＨＯＷを築き上げるかということが重要となります。しかし、それだけにとらわれてしまっては、その次のステップへ進めません。理屈・理論を超えた勢いがないと、市場の荒波に負けてしまい、淘汰されてしまいます。

これからは不確かな時代といわれているように、今まで確かだったものがこの先何年もそのままで続くわけではありません。今までやってきたことや、うまくいった理論がそのまま通用する時代ではありません。小手先の理屈・理論を超えた熱い魂が必要なのです。

6 先代はリソースと思え。超えるものでもライバルでもない

私は、父と対立ばかりしていました。当時、わが社はある大型公共施設の運営を受託していました。それによって、過去最高の売上を更新するほど業績が伸びたのです。儲かっていたので、クルーザーを所有していた時期もありました。

父が存命中の2006年、その公共施設の運営権を失注し、売上の3分の1を失いました。それでも何の手も打たなかったため、会社の業績は右肩下がりでした。売上高が半分近くにまで落ち込んだのです。

このままではつぶれてしまう。そんな危機感から、私は当時の社員と一緒に会社の理念をつくったり、新たに介護事業を立ち上げたりしました。私が代表権のない取締役社長になったのは、介護事業を始めて、売上が伸びてきた時期です。

そのころ、父はやる気がなかったというわけではありませんが、代表としての動きをしていないように私には見えました。私を立ててくれていたのかもしれませんが、私は父を尊敬していたからこそ、父の姿勢を物足りなく感じていました。私の「こうすべきだ」という主張を認めてくれている部分はありましたが、お互いにかみ合っていませんでした。

当時の私が強い違和感を覚えたのは、父が「俺の会社だ」とよく口にすることでした。ワンマン経営が悪いとは限りませんが、それでは人は育ちません。「俺の会社」という感覚を変えてほしいと思っていた私は「それは違う」「俺はやり方を変える」と、ことあるごとに反発してしまいました。

そんな状態のまま、父は２０１６年に亡くなりました。亡くなる少し前、父がぼそっと「お前の最大の味方は俺だぞ」と話したことがありました。当時の私はその言葉を受けとることができませんでしたが、父が亡くなってから、その言葉の意味の深さを理解しました。

私は、父に変わってもらうことばかり考えていました。しかし変わるべきは私自身の見方や考え方でした。**私が変われば、父は、父としても先代経営者としても、最高の味方となったのです。**言葉を変えれば、私自身や会社にとって、父は、最大の武器であり生かす

先代は超えるよりも生かすもの

べき存在だったのです。

先代というリソースをどのように生かすことができるのか。先代に反発するのではなく、「じゃあ、この社長をどのように生かしていけば自分が目指す方向に進められるのだろうか」「会社がより良くなるだろうか」という視点をもつべきでした。

今となっては、父が生きていた時、こうしたことを私がもっと考えていれば、お互いにとっても会社にとっても良かったのだろうと思います。本来であれば、社長の息子である私は、会社のリソースを社長の次に自由に使える立場でした。それをもっとうまく使えば、会社がより良い方向に進んだはずです。

父と自分を比較してライバル視したからか、

父を超えようとしたからか、はたまた甘えだったのかはわかりませんが、父といい関係を築けませんでした。それが経営においても、親子関係においても残念な結果を生み出してしまっていたのです。

もちろん、すべての二代目が私と同じ状況ではないでしょう。先代といい関係を築いているケースもあるはずです。ただ、多かれ少なかれ先代との関係がギスギスしている二代目も多いのではないでしょうか。これはすごくもったいないことです。

経営者という立場から見ても、親子として見ても、もったいないし、悲しいことです。

先代という存在をどのように生かすのか。まだ先代を補佐する専務くらいのポジションだったとしても、**先代をどのように生かせばいいのかという視点をもつことができれば、その会社は大きく伸びていく**と思います。

先代は、ライバルでも超えるものでもありません。あくまでも、あなたの強力な味方になりうる生かすべきリソースなのです。

7 先代にとって、最高のナンバー2であったか

二代目が会社を継ぐまでは、代表者は先代です。先代をサポートするナンバー2時代には、先代のやり方がどうであれ、それを尊重しなければいけません。

どんな先代も、会社をつぶさずに経営し続けてきた人です。事業の結果が出なければ、何らかの修正をするはずです。そうしなければ、とっくの昔につぶれていたことでしょう。

ところが、私は「そんなことをやったらうまくいかない」という自分の解釈で物事を判断してしまい、先代が結果を出す前に対立してしまいました。しかし、まずは先代の言う通りにやって、結果を出してみて、それでダメだったら変えることを提案すべきでした。

やってダメなら修正する。このサイクルを早くまわしていったほうが組織としてはうまくいきます。つまり、**トップが決定責任をもち、ナンバー2以下の社員は実行責任をもつ。これを明確にすることが大切**です。

社長がやりたいことをどのように実現するか。事業継承者として、ナンバー2として、このことに注力する必要があるのです。まだナンバー2なのに、ナンバー1のように振る

舞ってしまうのは間違いのもと。あくまでもナンバー2としての自覚をもたなければいけません。ナンバー2時代は、先代のイエスマンであるべきなのです。

ところが勘違いするわけです。「社員の意見を社長に届けるのが俺の役割だ」と。これは逆です。社長の考えをいかに社員に届けるか。これがナンバー2の役割です。ナンバー2は社員の代弁者ではありません。あくまでも「社長の代弁者」なのです。**社長の思いや考え、やり方を社員にわかりやすく伝えること**。これこそがナンバー2の役目です。

いいナンバー2がいる会社は伸びるとよくいわれます。私もその通りだと思います。伸びている会社は、経営者がいいのではなく、往々にしてナンバー2が優れているのです。

8 自分で自分を見つめる「俯瞰経営」の視点をもとう

多くの社長は自分の会社のこと、社員のことを真剣に考えています。真剣に考えて経営における様々な決定をしています。しかし、こうした社長の思いがストレートに社員に伝わらないと感じる方も多いのではないでしょうか。

わが社でも以前に、こんなことがありました。

「社員の成長は会社の成長そのもの」という考えからわが社では社員教育に以前から力を入れてきました。しかし、社員研修を行っていて、社員が受け身になっているのが気になったのです。

そこで私は一時期、社員研修を有料化しようと考えました。自腹を切るのと、会社のお金で受けるのとでは、研修に対する真剣さの度合いが違うからです。

外部で開催されている研修に出向いてみると、自己投資をして研修に参加している会社員が少なくありません。そういう人たちは、自分でお金を払っているから多くをインプットして、アウトプットの質も高い。研修から何かを得ようとする姿勢が、会社から「行け」と言われて来ている人たちとは明らかに違います。うちの社員は、会社のお金で行かされているので、私には嫌々参加しているように見えました。

会社のお金で研修に行くのが悪いわけではありませんが、自己投資の観点も必要だと私は考えました。例えば、7割は会社が負担し、3割は個人負担にするというやり方もあるのではないか。その代わり、会社が指定するものだけでなく、社員自ら「この研修に行きたい」というものに参加できるようにする制度を考えました。一度、そのことを社員に打診してみました。

すると、猛烈な批判を浴びました。「どうして行きたくもない研修に自分がお金を払わなきゃいけないんですか？」というわけです。一方の私は「社員の成長を考えているのに、何でそこまで言われなきゃいけないんだ！」とカチンと来ました。

以前の私であれば、わかってもらえない社員に対して、私の判断がいかに正しいか理論武装して、半ば強制的に実行してしまったでしょう。しかし、その時は、ちょっと待てよ、と立ち止まったのです。

批判している社員も、別に会社を悪い方向にもっていこうとしているわけではありませんし、彼らなりに一生懸命考えています。それを自分はわかっているはずなのに、なぜこんなに感情的になっているのだろうかと、自らに問いかけてみました。

改めて自分を俯瞰《ふかん》してみると、会社にとって良いか悪いかという理屈の前に、思いをわかってもらえず傷ついている自分を自覚することができました。

社長である前に、私たちは1人の人間です。マシーンのように淡々と決定をしているのではなく、当然、喜怒哀楽といった感情がありますし、不安や恐れも抱きます。

リーダーが感情的になる時というのは、自分の中の大事な何かや、とらわれている何かに触れられた時です。感情的になった時というのは、言い換えるなら、その感情を俯瞰してどう乗り超えるか。それを考えるのが、リーダーが成長するうえでの「越えるべきタスク」ともいえます。

この時の私は、**一旦立ち止まり、自分自身を俯瞰することで、大切なことを「自覚」することができました。**

そうやって自分を俯瞰し、自分と向き合うことで、「みんなの意見を聞かずに進めようとして悪かったね」「でもみんなの成長を考えて良かれと思ったことを否定されたのは悲しかった」「この件については時期尚早なので撤回します。だけど研修のあり方についてはみんなで考えよう」と、素直に自分の気持ちを伝え、自分の提案は実施しないという決断ができました。

このように、経営者は社長と個人という2つの人格をもっています。うまくいっていない時は得てしてこの2つの人格を混同している時です。そんな時は、まず自分を俯瞰してみることで自分をコントロールして冷静に対応することができるのです。

9 「会社」＝「自分」の感覚を捨てる

社員を対象にアンケートを取る会社は多いと思います。わが社でも、エンゲージメントを調べるために、定期的に社員にアンケートを実施しています。エンゲージメントとは、従業員が会社に対してどれだけ信頼して、愛着をもっているかということで、今、経営において重視されている考え方です。

社員に無記名で意見を書いてもらうと、私の意図に反して批判的な声が記されます。あくまでも会社の制度や仕組みに対しての批判なのに、私は自分が傷つけられている感覚に陥るのです。

社員からすれば、単純に制度への不満や意見を言っているだけのことが多いのです。時には社長への批判もあるかもしれませんが、たとえそうであったとしても、本来、**会社と社長は別物です。会社イコール社長ではありません。**

ところが、会社や制度に対する批判を目にすると、まるで社長である自分自身を否定されたように感じてしまい、時には「何！」と頭に来たり、落ち込んだりしてしまいます。

この時、「会社＝自分」という感覚では、冷静な判断はできませんし、そもそも、社長として幸せになれません。自分が会社の一部に取り込まれすぎていないか。これはしっかりと顧みるべきです。

大切なのは「会社＝自分」という感覚を捨てること。さらには、社長という役割を演じている自分と本当の自分を切り離すこと。これらの切り離し作業は、ことの外重要です。

とくに中小企業の経営者は、会社と自分が一体化してしまいがちです。代表的なことは、会社が赤字になった時、自分の給料を0円にしてでも社員の給料を払う経営者です。これは美談として語られがちですが、それでは会社と一体化しているどころか、本末転倒といえます。

私自身、今でも会社と自分を同一視してしまうことが時々ありますが、まずは会社と自分を切り離さなければいけないと、常に自らを戒めています。

10 あえて「考えない時間」をもつ

アメリカのラスベガスで毎年ＣＥＳ（Consumer Electronics Show）という電子機器の見

本市が開かれます。２０２０年1月、このＣＥＳ２０２０に行った時、目の虹彩《こうさい》をカメラで撮って健康状態を診断するという機器を韓国の企業が出展していました。

リフレクソロジー（反射療法）という、いわば足裏健康法には、足の裏を刺激すると内臓を活性化させる足裏反射区というのがあります。これと同じように、目にも反射区があるというのです。虹彩を見て、瞳孔の開き具合や色、シワの入り方などによって体の状態がわかるそうです。

虹彩の診断を受けてみたら、メモリー（記憶）に少し不具合があると言われました。年齢もあるのでしょうが、忘れっぽいと最近すごく気になっていました。それが診断で出たわけです。

「じゃあどうすれば治したり、予防したりできるのか」と質問したところ、返ってきた答えは「メディテーション（瞑想）」でした。瞑想《めいそう》というのは、簡単に言うと考えないで感じる時間です。音や匂い、体の中の状態を感じる時間を一日の中に取り入れるといいそうです。

経営者は常に考え続けています。仕事中はもちろん、プライベートの時間も仕事のことを考えてしまうのが経営者の性《さが》。だからこそ、**考えない時間をもつべきなのです**。考えていると、考えた方向に物事が進んでいきます。

ですから、良いことを考えていると、良い方向に物事が進んでいきますし、悪いことを考えていると、悪いほうに物事が進んでしまいます。

人間には、**何も考えずに心をフラットな状態に保っていると、身体そのものを良い状態に保とうとする機能があるそうです。**その機能を働かせるのが、考えない時間をもつということです。考えない時間をもつことが、自分を俯瞰することにもつながります。

11 「守らなきゃ」という考えにとらわれない

創業者はゼロイチ（ゼロからイチを生み出す）で事業を立ち上げています。ゼロからスタートしているので、失うものも守るものもありません。ですから、思い切り攻めることができます。

それに比べて、二代目はすでに守るものがあります。守るものがあるからがんばれるという面ももちろんありますが、「ちゃんと守らなきゃ」「失ってはいけない」という感覚にとらわれてしまいがちです。

「守らなきゃ」と思っていると、会社を離れられなくなってしまいます。会社のことを全部把握しないと気がすまない。社員に任せられない。そうなると、現場を離れられなくなってしまいます。

自分がすべてやらないといけない。自分しかできない。そう思ってしまい、守るものに縛られてしまうのです。思い切りよく社員に任せるのは簡単ではありません。なぜなら、「失敗できない」「つぶせない」というプレッシャーがあるからです。

私にも「守らなきゃ」という感覚がないわけではありません。しかし、会社は守ろうと思って守れるものではありません。現に、東京商工リサーチの調べによると、2019年には8383件もの会社が倒産しています（負債総額1000万円以上）。

守れなかったら、もうおしまい。失敗したら、もうおしまい。二代目は、そう思ってしまいがちです。しかし、**失敗したら失敗したなりに、次の手があるはずです**。そもそも事業とはそういうものです。100パーセントの成功が約束されている事業なんてありません。創業者は、それを百も承知で果敢に会社を立ち上げて、チャレンジしてきたのです。

守ろうという意識が強いと、会社をまわしていくことそれ自体が目的になってしまいます。そうなると、既存の事業の運営で満足してしまいかねません。既存の事業だけで満足して、新たなチャレンジをしない会社に未来はありません。

「守れなかったら、それを受け入れるしかない」と開き直るしかない。そこからまた再チャレンジすればいいのです。

12 チャレンジすることが、守ること

ゼロイチで会社を立ち上げて軌道に乗せるのは容易ではありませんが、二代目はこれをショートカットして事業基盤を手にしています。これは、二代目の大きなメリットです。

私は、父から承継した会社は、**自分がやりたいことを実現するためのリソース**、つまり資源と見なしています。「自分はこれをやりたいんだ」というものが、今の事業の延長線上にあるならば、そのまま今の事業を発展させることを考えればいいわけです。一方で、自分がやりたいことと、受け継いだ会社の事業が一致しないこともあるでしょう。むしろそのほうが多いかもしれません。だからといって、別にその会社を辞める必要はありません。リソースを生かして、自分がやりたいことにチャレンジすればいいのです。

守ろうと思って守れるものなんて、世の中に1つもありません。会社は、守ろうと思っ

て守れるものではない。チャレンジするからこそ、守れるのです。創業者はみんなそうしてきました。「攻撃こそ最大の防御」という言葉通り、チャレンジし続けることが、実は会社を守ることにつながります。

大切なのは、**受け継いだ会社を自分のリソースの1つとしてどう機能させるか**です。自分一人でできることなんて、たかが知れています。どれだけ他の人に任せられるか。どれだけ他の人ができるような仕組みをつくれるか。そういう視点をもつべきです。

社員に任せられるようになると、会社がまわり始めます。社員に任せて会社がまわるようになれば、自分は別のことに取り組めるようになるため、新しいことに挑戦できるようになるのです。

たとえ新しいことをやらないにしても、社員が会社をまわしていけるようになれば、既存事業の拡大のために外に打って出ることができるのです。

13 後継者という洗脳から目を覚まそう

いずれは父の会社を継ぐことになるだろう。二代目は、子どもの時から何となく多かれ少なかれそんな予感があったはずです。自分がやりたいか、やりたくないかの前に、自分が継がなければならないという意識を早いうちから植えつけられているはずです。

いつの間にか、自分が継がずに誰が継ぐ、という責任感が芽生えていることでしょう。しかし、そんな責任感や、自分が今の事業を展開している会社の後継者という感覚は、捨ててしまったほうがいいのです。自分は「何にでもなれる」と思ったほうがいいのです。

受け継ぐ会社は、自分にとっての最大のリソース、つまり**「やりたいことをやるための大きな武器」**にすぎないのです。二代目は、すでに先代から受け継いだ「ヒト・モノ・カネ」をもっています。創業者は、これらをゼロから自分でかき集めなければなりませんでしたが、二代目はあらかじめ準備されているのです。

このリソースを使わない手はありません。後継者という洗脳から目を覚まして、好きなことを行えばいいのです。

14 他人の会社を買う若者より、圧倒的に有利な二代目

福岡を拠点にしている一般社団法人「日本的経営研究会」という、経営に関する研究会

サーチファンドのしくみ

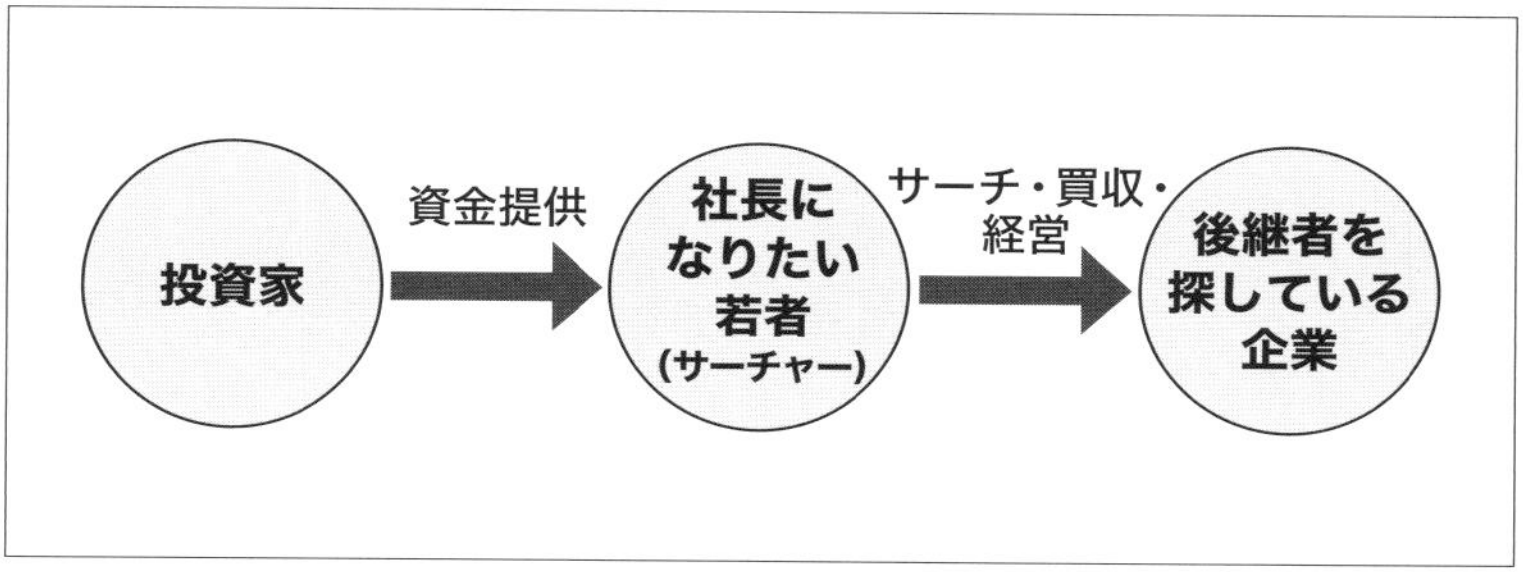

が「グローバル・経営者フォーラム」というイベントを毎年開催しています。

先日そのイベントに参加した時、「サーチファンド」の存在を知りました。アメリカでは一般的らしいのですが、後継者がいない会社、あるいは事業転換が必要な会社と起業家精神のある若くて優秀な人材をつなげ、そこに投資家が投資をする仕組みです。

ゼロイチでの起業は難しいですし、起業をしてもなかなか生き残ってはいけません。一方、日本では、後継者のいない会社が増えており、中小企業の後継者不足はさらに深刻になっていきます。

社長になりたくて企業を探しているサーチャーが自分で探しまわるのは、時間がかかります。サーチャーはその間の収入がないと生活もできません。そこで、サーチャーが企業を探している段階から、投資家が活動資金を投資するわけです。買収先の企業が見つかれば、サーチャーが経営者となって経営していきます。

Ｍ＆Ａの場合、買収した親会社から幹部が経営者として乗り込んでくるのはよくあることです。元々の方針や文化に合わない人が来て、社内を混乱させてしまうこともあるでしょう。

しかし、このサーチファンドなら、お互いによくわかり合ったうえで経営権を引き渡せるわけです。その会社のオーナー経営者としては、どんな考えをもっていて、どんなことをやろうとしているのかがわかる人に引き渡すに越したことはありません。

なおかつ、元のオーナーは売却益を得ることもできます。場合によっては、元のオーナーとサーチャーが一緒に経営していくといったパターンもあるようです。

そのフォーラムでは、投資が決まりそうなサーチャー、投資が決まったサーチャーも来ていて、色々な話を聞くことができました。目立ったのは、ＭＢＡを取得した人や海外経験がある人で、とくに30代の人が多く、20代の若い人もいました。

お互いの合意のうえで現在の経営者から経営権を受け継ぐという意味では、私たち二代目の事業承継も、サーチファンドと本質的には同じはずです。しかし、私たち二代目がサーチャーよりも恵まれているのは、**血縁関係という絶対的な信頼**をベースとした「先代」という投資家をすでにもっていることです。そのため、サーチファンドの獲得にエネルギーをかけなくても、すでにある事業基盤を手にすることができます。

このように**既存の会社や人材をリソースとして考えれば、経営者としての未来が大きく開ける**のです。

15 トップリーダーとナンバー2はまったく別物

先代のナンバー2と、承継後の経営トップ。この両方を経験してわかったのは、トップリーダーとそれ以外はまるで別物だということです。先代のことをすぐそばで見ていて、ナンバー1がどのような存在か、わかっているつもりでした。しかし、ナンバー2時代に見えていたものと、ナンバー1になった時に見えるものはまるで違いました。頂上に登らなければ見えない景色があるのです。トップリーダーの見え方は、トップリーダーになってみないとわかりません。

ナンバー2として通用したことが、そのまま社長の立場で通用するわけではないのです。ナンバー2時代の経験がすべて無駄とは言いません。それまでの経験があるから、トップになってもやっていける面はあります。

ただ、社長になったら、ナンバー2時代の経験にとらわれてはいけません。会社を継いで、トップリーダーになってからが社長としてのスタートです。

経営トップとナンバー2は別物だからこそ、ナンバー2時代は〝ミニナンバー1〟気取りになることなく、ナンバー2として先代のサポートに徹すべきです。トップリーダーになったら、ナンバー2とは別物だと理解して、改めてスタートを切るべきです。

Coffee Break ①

子どもたちの成長を促す「100㎞徒歩の旅」

私は会社経営以外にも、地元・埼玉で青少年育成のためのボランティア活動を続けてきました。2007年には、狭山青年会議所（JC）の理事長として「むさし100㎞徒歩の旅」を立ち上げました。これは、埼玉県狭山・入間・飯能・所沢各市の小学4年生から6年生まで総勢30〜40人が4泊5日かけて100㎞歩くというイベントです。

狙いは、子どもたちに生きる力を身につけてもらうこと。生きる力とは、わかりやすく言えば「やればできる」という自信です。

最終日、100㎞を歩き通した子どもたちは、初日のスタートの時とは見違えるようにたくましくなっています。表情がまるで違います。実際に自分の足で100㎞を歩き通したという達成感が、自信となって顔に表れるのです。

私は経営者の仕事も、この100㎞徒歩の旅と同じだと考えています。子どもと同じように、経営者も一歩一歩前に進むしかありません。1日1日の積み重ねが1カ月になり、1カ月の積み重ねが1年になり、1年の積み重ねが100年になる。

子どもには100㎞という目標が与えられています。社員も上司から目標を与えられます。しかし、経営者には、誰も目標を与えてくれません。自分で目標を設定して、自分で達成していかないといけないのです。

二代目の旅は、常に挑戦し続けること。新しいことを始めるにあたっては、誰もが不安です。しかし、子どもたちと同じように、一歩一歩前へ進むことによってしか、自らの目標を達成することはできないのです。

第2章

二代目社長は
やりたいことを
やろう

―― 社員が辞めることを恐れない

1 二代目社長の本当にやりたいことの見つけ方

受け継いだ会社をリソースと捉えて自分がやりたいことをやるといっても、何をやったらいいかわからない、という二代目社長も多いと思います。

二代目社長の多くは意欲的で勉強熱心。ですから、やりたいことを見つけようとする時、新しいことを学ぼう、新しいものを取り入れよう、新しい何かをつけ加えようという視点になるのではないでしょうか。よくあるのは資格を取ったり、新しいスキルを身につけたりと、外に何かを求めがちなことです。

しかし、新しいものをつけ加えたからといって、物事がうまくいくわけではありません。もちろん、資格取得や勉強が無駄とは言いませんし、必要がないということではありません。しかし、資格を取ったからといって、それだけで、新しいビジネスが大きく動き出すというケースは、そう多くはありません。

本当にやりたいこと、**自分が目指したいビジョンやミッションは、自分の外にあるわけではないのです。すでに自分の中にあるのです。**

私はそのことを、エグゼクティブ・メンタルトレーナーと呼ばれる秋山ジョー賢司さんのコーチングを受けて痛感しました。秋山さんは、企業の経営者などにコーチングを行っています。

私が受けたのは、CMP（コアミッションプログラム）というものです。まず、自分の過去の経験を洗い出し、成功体験も失敗体験もすべて崩し、自分が思い込んでいたこと（ビリーフ）を書き換えていきながら、「何のために生きるのか」「どこに向かうのか」といった人生の核となるコアビジョンやコアミッションを言語化していきます。

もちろん、私自身、こういったテーマは、これまでにも学んだり、考えたりしたので、ビジョンやミッションをもっていなかったわけではありません。しかし、秋山さんのコーチングを受けて、きちんと自分と向き合ったり、今までとは違った視点で経験を振り返ったりするためには、専門家の力を借りたほうが効果的だと実感したのです。

欧米の経営者は、コーチングのプロをつけているケースが珍しくありません。ところが日本では欧米ほど一般的ではありません。決して金額は安くはありませんが、コーチングに投資する価値は極めて大きいと思います。

私は、コーチングを受けたあと、「顔つきが変わった」とまわりに言われたくらい自分自身が変わりました。そして、今でも私の経営の伴走者として、秋山さんにはおつき合いいただいています。**経営者にはこうしたメンターの存在が必要です。**

いくつかのコーチングサービスを試してみたり、プロのコーチではなくても、信頼できる経営者に定期的に時間をとってもらい、自分の振り返りやフィードバックなどのサポートをお願いしたりするなど、自分に合う人をメンターにもつことをおすすめします。

2 変化へ適応できる二代目だけが会社を伸ばす

あなたのまわりにも、先代から受け継いだ会社をつぶしてしまった二代目社長がいるのではないでしょうか。会社を伸ばす二代目。会社をダメにする二代目。この違いはいったい何でしょうか。

私は「適応」だと思います。環境に適応できるかどうかが、最大のカギを握っているのです。環境とは、法令や規制、制度、ルールなど、会社を取り巻く様々な条件です。

例えば、近年、わが国は、国を挙げて「働き方改革」を進めています。有給休暇の5日間の取得が義務化されたり、残業時間の上限が原則月45時間になったりしました。

しかし、中小企業の社長には「そんなことをやったら会社がつぶれちゃうよ」「中小企業がそんなこと、できるわけないだろ」と吐き捨てる人が多いのです。私の父もそういうタイプでした。時代の変化にあらがう経営者の企業は、地球の気候変動に適応できずに滅びた恐竜と一緒です。環境は変わっていきます。これはどうしようもありません。

働き方改革と逆行して、「有休は取らせるべきではない」「残業を増やせ」という方向に世の中が進むでしょうか。まずありえません。環境は、間違いなく働きやすい職場づくり、いや、より少ない時間でより大きな成果を出せる働き方へのシフトが進んでいきます。この変化する環境にどう対応するのか。これを考えなければならないのです。

そこにあらがっていては滅びるだけ。順応するしかありません。**「新しい環境でやるんだ」と決断できない社長が会社をつぶす**のです。

有給休暇の取得も残業削減も、やると決めれば、意外とできてしまいます。ですから、私は社員に「有休を100%消化しよう」と言っています。パートさんにも、あらかじめ有休をシフトに組み入れることで計画的かつ確実に取得するよう伝えています。

わが社は、有給休暇の一斉取得という国の法改正に備え、3年前から5日間の有給休暇一斉取得を設定しています。さらに今年からは有給休暇とは別に、誕生日休暇、結婚記念日休暇、恋人や家族など大切な人とともに過ごすためのロマンス休暇を付与しています。まだ有休消化率が１００％にはなりませんが、環境の変化に適応すると決めれば、何とかなるものです。

２０２０年４月にコロナウイルスの感染拡大防止のため、緊急事態宣言が発令されました。人との接触を避けるため、様々な業種が休業し、多くの企業は在宅勤務という措置を取りました。これによって、オンラインでの会議や商談が珍しくないものとなりました。

そんな中、いまだにオンラインよりも直接会うことが良いという視点から物事を見ている経営者もいます。もちろん、直接会ったほうが商談でもコミュニケーションでも良い面は多いですし、オンラインでのやり取りが難しい業種もあります。

しかし、時代が変わり、オンラインでも良い、オンラインでもできるということに社会全体が気づいてしまいました。

そのような前提のもと、やり方を変えていく決定ができる社長と、今までの古き良きやり方にこだわりすぎる社長とでは、経営戦略に大きな差がつくようになるでしょう。

お客様も、市場も、そして時代も、わが社の都合を待ってはくれないのです。生き残るためには、環境の変化に適応すると決めて、手を打つしかありません。

先代は「大企業じゃないんだから、そんなのムリ」と言うかもしれません。そうした古い考えをそのまま受け継ぐか、環境に適応するか。これが会社を伸ばすか、ダメにするかの分かれ目になるのです。

3 思い切ってお金を使う感覚を身につける

二代目社長に放蕩息子《ほうとうむすこ》のイメージを抱く人がいるかもしれません。二代目が親の金で遊び歩いて、会社をつぶしてしまう、というようなイメージです。

私は、経営者はある意味で無駄遣いと言われるような、どんどんお金を使う経験をすべきだと考えています。現に、一見ガンガン遊び歩いているように思われながらも、会社を伸ばしている社長もたくさんいます。

確かに、プライベートでは節約も大事なことですが、**経営者が経営で節約するのはむしろ危険です。お金を使うことによって得られるチャンスを失うことになりかねません。**

わが社ではかつて、給与計算や販売管理のソフトは、パソコンにインストールするタイプのものを使っていました。それがウィンドウズのバージョンアップに伴って入れ替えなければならない時期が来ました。それで代わりとなるものを調べたのです。

1台のパソコンに入っているだけでは生産性が上がらないから、サーバーを設置して、複数のパソコンで使えるクラウドタイプにしたほうがメリットが大きいことがわかりました。ただ、そのためには300万～400万円かかるのです。さすがに私は躊躇《ちゅうちょ》しました。

調べては話を聞き、を3年間くらい繰り返していましたが、結局、何もできませんでした。最終的には知り合いのIT企業に頼んで、システムを構築してもらいました。当初は200万円くらいの見積もりでしたが、追加費用がかさんで300万円になってしまいました。しかし、そのシステムが稼働してみると、使いものにならないではありませんか。仕方なく、違うものに切り替えました。結局、丸々300万円の損です。

しかし、結果として、そのシステムをベースにして現在も使っているクラウドの販売管理システムを導入することができました。それは、300万円を払うという決断をして、導入という行動をしたからです。

それによって、「何が問題で、どんな機能があれば良いのか」「わが社にあったサービスを選ぶために、どんなことを押さえておかないといけないか」を学ぶことができました。

考えているだけでは何も生みません。行動して初めて、結果を手にします。その結果か

会社の業績を向上させるサイクル

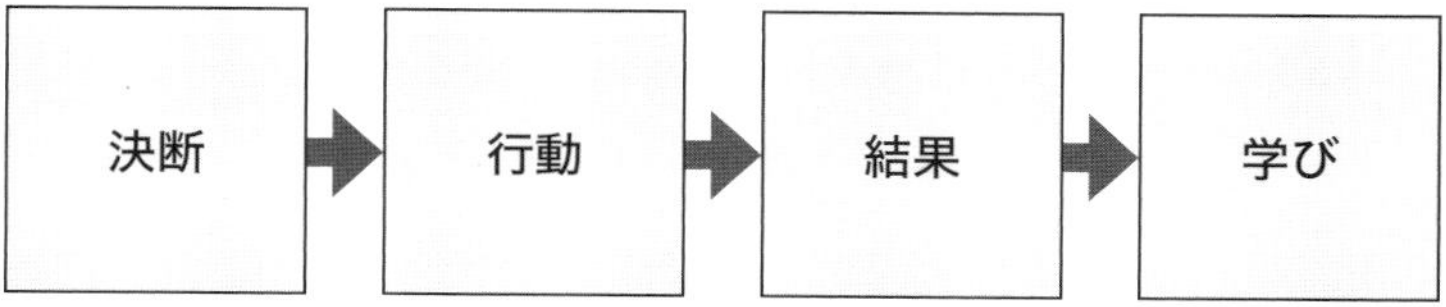

できるだけ速いスピードでこのサイクルをまわすことが必要。

ら学び、次に生かすことができるのです。この**「決断→行動→結果→学び」のサイクルをできるだけ速いスピードでまわす**ことが、会社の業績を向上させる唯一の方法です。

決断して行動してみないことには、その判断が良いか悪いか、何が正しいか正しくないかなんてわからないのです。だから、経営者は損をしてもいいからお金を使う。その決断ができないと会社を成長させることはできません。

小さな節約や損得を考えて、行動を起こさずに時間を無駄にするならば、**多少損をしてでも、いち早く決定して実行に移したほうが、結果的に損失が小さくて済む**のです。

節約を良しとしていると、少しでも安くて質の高いところに頼みたいと考えがちです。しかし、そこに時間をかけすぎるのは大きなリスクです。ある程度調べたら、きっぱりと決めてしまいましょう。100万円くらいのお金を思い切って使えないようでは、迅速な決断はできません。経営者の明快な金銭感覚は極めて重要なのです。

私はこの感覚を経営者向けのセミナーに参加して学びました。そのセミナーは費用が高額なことで有名で、社長が経営を学ぶプログラムは、数回の講座と合宿という内容で150万円ぐらいかかります。数万円でも受講を躊躇していたような私にとっては、ベラボーに高い！　と感じました。しかも、セミナー後の懇親会では、全員分の支払いを決めるジャンケンがあって、負けるとウン万円からウン十万円を支払うことにもなるのです。

しかし、現状を変えるにはやるしかない、と思い切って参加したのです。そこでは、今までの自分では考えられなかったような視点から経営を学べ、新しい刺激を与えてくれる様々な経営者の方との出会いがありました。

会社の発展を考えれば、この150万円の出費は痛くも痒くもない。そう思えるようになると、100万円、150万円を会社のために使うことに躊躇しなくなります。それがさらに会社を発展させることにつながっていきます。

お金を使えない社長、損ができない社長は、結果的に会社をつぶすのです。

4 二代目になって幹部や社員がゴッソリ辞める本当の理由

社長が代替わりした途端、役員や管理職がバタバタと辞めていくというのはよくある話です。なぜ、幹部が辞めてしまうのでしょうか。大きな理由は2つあります。

1つ目は、幹部たちは「変わる」ことを恐れており、変わりたくないからです。二代目が会社を受け継いで、自分が本当にやりたいことを始めたとします。すると、今までのやり方が変わることに対して、幹部たちは抵抗感を抱くのです。

人は今、自分がやっていることを変えたいとはなかなか思いません。新しいことに対して不安を抱きます。変わりたくない幹部たちは、二代目についていけず辞めていきます。

2つ目は、働きたくない幹部が辞めていくからです。つまり、楽をしたい幹部や社員は辞めていきます。きちんと経営しようとすると、彼らは楽ではなくなるのです。

わが社は先代のころ、社員たちに不満はあったかもしれませんが、はっきり言って楽な会社でした。朝礼もない、やりたいようにやれる、自分の作業が終わったら帰れる。そうしたことを良しとする人たちにとって、新たに朝礼を始めること自体が苦痛です。

ちゃんとした経営をしようとすると、楽をしたい幹部や社員は辞めていきます。

5 赤字社員には辞めてもらっていい

代替わりによって新しいことを目指そうとしていくならば、必ず一定数の社員は辞めていきます。わが社は私が採用した人間も含めて、7〜8割が入れ替わりました。

変わることに関して人は抵抗するものだ、ということを前提にしなければなりません。会社を変革する過程では、どうしても方向性が合わない人たちが出てきます。これはやむなしです。

逆に、代替わりしても誰も辞めないほうが問題ありとも言えます。改革しようと思って進めているのに、反発する人もおらず辞める人も出ないというのは、まだ改革をやれていないということに他なりません。辞める社員がいるかどうかは、改革が行われているかどうかのバロメーターである可能性が高いのです。社員が辞めないのは、正しい経営ができていないからと思ったほうがいいでしょう。

社員が辞めることを覚悟しなければ、自分がやりたいことはできないのです。事業を承継して、社員が辞めないならば、むしろダメ社長です。今まで通りの楽な仕事を続けたいだけで、利益を生み出さない赤字社員には、辞めてもらったほうが組織は強くなります。

一方で、赤字社員どころか「こいつに辞められるとヤバいかもしれない」という有能な人材が中にはいるでしょう。そうした人材が辞めたとしても、受け入れるぐらいの度量も二代目には必要です。

幹部社員が何人か仲間を連れて独立して、お客さんごともっていってしまうという話も聞きます。そういう事態も覚悟するべきです。とはいえ、もちろん、辞めさせない工夫や努力も必要です。これからの時代は、人の採用が厳しい時代でもあるからです。

しかし、**社員が辞めるのを恐れて、変化していく決断をしないことは、人が辞めていく以上に大きなリスクである**ということも、認識しておく必要があるのです。

6 残ってくれる幹部は貴重な存在

少子化が進み、人口が減っていく時代となるこれからは、人手不足が深刻化して、人を採りにくくなっていきます。いかに有能な社員を辞めさせないかも考えなければ、経営は難しくなります。今後は、離職を極力抑えないといけません。

何かを変えようと思った時、ある程度、社員が辞めるのは覚悟しないといけませんが、そのうえで有能な社員を辞めさせないためにはどうしたらいいか、考えなくてはいけません。そのために欠かせないのが、変えていく理由です。なぜ、会社を変えていくのか。第1章でお話ししたように、ＷＨＹをしっかり社員に伝えていくべきなのです。**社長という役割で会社を率いるのではなく、ＷＨＹを語る経営者自身が人として社員を魅了しなければなりません。**

ところが、二代目は社員教育には熱心でも、自分の魅力を高めることに意外と目を向けません。入社した時から社長候補で、そのまま社長に就任しているのが二代目です。社長という立場や役割だけでマネジメントしているため、社員たちがついていきません。

一方、ＷＨＹを語ったり、自己研鑽したりする姿をしっかりと社員に見せ、人間的な魅力を高めている社長は、社員たちからついていこうと思われるのです。

わが社の場合、私が幹部時代に今の企業理念を一緒につくり上げたメンバーが２人残ってくれています。わが社が傾いてきた時、「どうするのですか？」と言ってきたので、「だったら、一緒に理念づくりからやるか」と言って、理念をつくり、介護事業を立ち上げ、新卒採用を始めました。

そんな2人が辞めずに残ってくれていることはありがたいかぎりです。2人は、**わが社がまだ小さな家業だった10年、20年前を知っている貴重な存在でもあります。**かつての会社から今の会社にどのように変わったか。当時がどれだけひどくて、今がどれだけいい方向に向かっているのか。こうしたことを語れる証人でもあります。彼らはわが社にとっては大きな財産なのです。

こういったメンバーを大切にし、彼らが活躍できる環境を整えていくこと、そういったことも二代目社長には必要です。

7 社員は「家族」ではなく「戦力」と考える

社長は大黒柱のお父さんで、社員は家族。これが、中小企業の典型的な組織観ではないでしょうか。社長には「俺が社員を食わせていく」という気概があると思います。経済が右肩上がりで伸びていく高度成長期なら、恐らくそうした企業像でも良かったのでしょう。1人のリーダーが社員全員を養うという感覚でも会社は成長しました。

しかし、これからは違います。企業を取り巻く社会環境が大きく変わっています。近年は、上司との飲み会や社員旅行を嫌う若者が増えてきたそうです。つまり、彼らは社長や上司と家族的なつながりをもとうなど、みじんも考えていません。

さらに、経済のグローバル化に伴って、多様な価値観を受け入れる必要性も高まりました。わが社にはフィリピン人の社員がいますし、近々インド人も雇う予定です。

これからの日本、そして企業は、みな同じような子ども時代を送り、同じようなテレビ番組を見て、同じように就職活動をして、似たような価値観をもっている同一性の高い集団ではなくなるのです。若い社員や外国人の社員が、かつての日本人と同じように家族的な会社像を受け入れるとは限りません。父親である社長が、社員を家族として養うという感覚の経営では、時代についていけないのです。

私にとって、社員はあくまでも「戦力」です。少し冷たい言い方をすれば、私の中では会社と同じようにリソースです。漫画『ワンピース』的にいうと仲間ですが、少々ニュアンスが違います。仲間というと、〝仲良し経営〟のように受け取られてしまいかねません。それではズレがあります。

社員は武器ともいえるし、戦力ともいえます。リソースとして考えるからこそ、その人のもっている力を生かそうと考えるわけです。ところが、社長と社員が、家族的な感覚での「父と子」の関係だとしたら、「子どもたちのためにやってあげる」という目線になってしまいます。そうなると、本来の個人一人ひとりが力を発揮すべき機会や、取るべき責任を奪ってしまう社長になりかねません。

「社員は家族」を掲げる経営でもうまくやっている経営者はいると思いますが、これからの時代は通用しなくなるはずです。

8 かつての頑固おやじ的アプローチは、今は即アウト

戦後の高度成長期には、テレビ・冷蔵庫・洗濯機という三種の神器を手に入れることがみんなの目標でした。マイカーやマイホームを手に入れたいというのも共通の価値観でした。ほしいモノも価値観もみな同じ。それなら心を合わせるのも簡単だったはずです。現代のように、信頼関係を積み上げていく仕組みやサービスを導入しなくても、みんなが1つになれていました。

家族のように同じような価値観でみんなが毎日を過ごしていたので、社長の「何やって

んだ、バカ野郎！」という頑固おやじ的なマネジメントも受け入れやすかったのだと思います。しかし、今はそういう時代ではありません。

そもそも二代目は、先代の強烈なパワーや人間的な魅力と比べられてしまっていますから、まわりからは物足りなく見られてしまうでしょう。だからといって二代目は先代と同じようにふるまう必要はありません。それに今どき、社員に対して頑固おやじ的なアプローチをしたら、パワハラで即アウトです。

私自身、かつては「社員は家族」という感覚をもっていました。今、そうした思いがゼロかというと、そんなことはありません。しかし、家族的な関係を築くことが経営の目的ではありません。

ＷＨＹがない経営者の場合、社員との距離の取り方が難しく思えます。なぜ経営するのか、何を目指すのか、明確でないがために、「社員は家族」という題目を掲げざるをえないのです。

人と人との関係の中で、愛情を感じ取ってくれたり、尊敬できると思ってくれたりする分にはかまいません。しかし、経営者側から社員に対して家族であることを押しつけるべきではありません。それは時代錯誤です。

9 自分と他人の強みを知り、お互いを尊重する職場づくり

リソースとしての社員の力をどうやって引き出せばいいのでしょうか。まずは、一人ひとりの特性や強みを見極めなければなりません。

自分自身がもっている他人とは違う強みや特性がわかれば、自分がチームに対してどう貢献すればいいのかがわかります。**自分の特性を自分自身が受け入れられた時、人は初めて他人と違う自分や自分にはない他人の強みを受け入れられるようになる**のです。

すると、お互いに違うことが当たり前になり、「自分らしさを発揮していいんだ」と心理的な安心感がチームの中に生まれてきます。私は、そういう職場づくりを心がけています。ベースにあるのは「違いがあるから素晴らしい」という考え。お互いが違うということを前提にして、お互いを知り、お互いを尊重しようというわけです。

人は、目に見えないものを考えたり、扱ったりすることは苦手ですから、目に見えないものを見える形にしていくことが重要です。性格診断にしても動物占いにしても、目に見えないものをフレームに当てはめて、目に見えるようにしているのです。

わが社では色々なツールを使って「見える化」しています。とくに今、力を入れているのは「エマジェネティックス®（ＥＧ）」と呼ばれる仕組みの導入です。ＥＧは、４つの思考特性と３つの行動特性を通して人を理解するツールで、一人ひとりの強みを目に見える形にすることができます。

人間の脳の構造からいうと、一番新しい大脳新皮質が「思考」を、それより古い大脳辺縁系が「感情」を、一番古い小脳が「本能」をそれぞれ司ります。つまり、食べたい、生きたい、死にたくないという「本能」をベースにして「感情」が生まれ、感情に基づいて「思考」するわけです。

脳の新しい部分の作用のほうが、現代のコミュニケーションには表れやすいと考えられています。わが社でも「思考↓感情↓本能」の順番で組織間の相互理解を深めていくようにしています。すると、徐々に内側の感情や価値観も認められていくのです。それがチームに対しての安心感や愛着心を生み、お互いを認め合う信頼関係につながっていきます。

そうした積み上げが必要です。

ＥＧについては、第６章７でもご紹介しています。

10 コトに厳しく、人に優しく

私が心がけているのは、その人の人となりや能力ではなく、**力を発揮してもらうことに焦点を合わせること**。つまり「コトに厳しく、人に優しく」です。

コトとは、行為のことで、その人の仕事ぶりやパフォーマンスのことです。コトに対しては厳しくすることもありますが、人そのものには厳しくしません。ましてや人格を否定するようなことはしません。

コトによって起きた事実に対して、ダメなものはダメと言うべきです。わが社では、ダメなことをした場合、始末書を出してもらうというルールがあります。ただし、それはあくまでもコトがダメだっただけの話であって、その人の人となりがダメなわけではありません。

社員を戦力と表現するのは、ドライに聞こえるかもしれません。しかし、「この人にはこれくらいできるだろう」と、その人がもっている力を信じて、任せるしかありません。自分の特性を生かして力を発揮してもらうしかないのです。経験させないと、発揮する能力は高まりません。とはいえ、こちらとしてもやらせるには怖さもあります。失敗したらどうしようという不安があるからです。それでも、やらせるしかありません。

社員は、経営者の家族になりたくて入社したのではなく、家族になりたくて毎日会社に来ているのでもなく、自らの家族を幸せにするために、わが社に働きに来ているのです。

だからこそ、社員をリソースとして、戦力として生かさなければなりません。それが社員のためでもあるのです。そういう視点に立ったほうが、二代目も気持ちが楽になるのではないでしょうか。

11 社員に好かれようとするのは、言い訳づくり

経営者は孤独だといわれます。私も経営者になってみて、やはり孤独でした。色々なことの最終的な決断を自分で下さないといけないからです。

社長であっても、1人の人間ですから、人から好かれたいという気持ちもあります。しかし、社員に好かれたいという気持ちが、心の拠りどころになってしまうのは危険です。

会社にとっての最善の判断が、必ずしも社員に喜ばれるとはかぎりません。社員に好か

れたいという気持ちを優先すると、経営判断を誤ります。

自分に確固たる軸がある。自分自身を高める努力をしている。社員に依存していない。こうした経営者であれば、社員の幸せを目的とする経営もありだとは思います。ただし、何かがズレたり、ブレたり、うまくいかなくなったりした時、社員に媚びてしまい社長としての役割が機能しなくなる可能性が大きいのです。

経営者が向けるべきベクトルは本来、社会であって社内ではありません。社会を良くすることが私たち経営者の仕事であって、**社員を幸せにすることは経営者の仕事ではありません。それは社員個人の責任です**。

社員一人ひとりには、自分や家族の幸せを自分で実現する力があるはずです。彼らは無限の可能性をもっています。社長は彼らの責任と可能性を奪ってはいけません。一方、社員をリソースだと思うことによって、自分自身のビジョンや本来のミッションを実現していくことができます。

先代から受け継いだ事業が自分自身のミッションではないならば、自分本来のミッションに向かっていける環境をつくるべきです。そのために大切なのは、今ある事業に自分がそれほど関わらなくてもまわせるようにすることです。そうすることによって、自分本来のミッションに自分の力を注げるようになります。

既存の事業をまわすために、自分がもっている人材というリソース、お金というリソース、モノというリソースをうまく活用する視点をもつべきです。そうしないと、次のステップに進めません。社員のためといって既存の事業にとどまるのは、自分本来のミッションに取り組まない言い訳にすぎないのです。

12 幹部社員の反論、大歓迎!

代替わりしたあと、反論してくる幹部がいるとしたら、それはすごく優秀な人材だと思います。社員の反論は、お互いを理解し合うためのいいチャンスです。

二代目は、自分が学んできたことや自分の能力について、意外と自信をもっているものです。とはいえ、幹部や社員は、二代目の人となりや能力に魅力を感じているとはかぎりません。社長の息子であること、あるいは社長や専務といった役職に対して忠誠心があるだけで、肩書を外した状態でも結ばれている信頼関係ではない。そこを勘違いしないほうがいいでしょう。

肩書や今の立場から離れた時、社員からどう見られるのか。このことは、後継者として常に意識しておいたほうがいいことです。つまり、**肩書がなくても信頼関係を結べるような人になっていくべきなのです。**

そのためには、社長が会社人間ではダメです。会社からいったん離れて、自分自身がどうありたいかというものを明確にもつべきです。そのうえで社員と接しなければ、人として尊敬されません。

ところが、多くの二代目は「俺の会社だ！」と思ってしまうわけです。幹部に反論されると、「何言ってんだ！」と頭に来てしまうのです。「これだけ俺がやっているんだから、あいつらもわかってくれるだろう」という感覚で経営してしまうと、社員がついてきません。すると、「あれ？」となって、経営にきしみが出てくるのです。

むしろ反論してくるくらいの幹部がいるのは、その会社にとって大きなプラスとなります。幹部の反論は、経営者としての考えや思いを伝えるいいきっかけになるのです。

13 親類に自社株が分散しているなら要注意

私の知り合いの社長さんは、社長になって2年くらいで親戚に追い出されました。というのも、自社株を半数以上、彼がもっていなかったため、株主総会で社長を解任されてしまったのです。

代替わりのあと、幹部社員が反乱を起こすこともあれば、株主や取締役が反乱を起こして二代目をクビにする、というケースが実際にあります。とくに危険なのは、先代が自社株を親類に分散させているケースです。

先代の兄弟やその子どもたちが自社株をもっていることがあります。さらには、二代目自身の兄弟やその結婚相手だけでなく、結婚によって親類関係となった血縁関係のない親族の利害も絡んできます。中には悪だくみをして、親類たちをたぶらかす人が出てくることもあるのです。

過半数の自社株を社長自身がもっていなければ、反対派がまとまってしまったらそれでアウトです。何かを変えようとすると、必ず反発があります。その時、親類や幹部が自社株をもってしまっているのは、敵に武器を与えているのと同じことです。反対派に結託されて、追い出されてしまっては、すべてを失います。

自分の会社が乗っ取られたり、自分がクビになったりしてしまっては、元も子もありません。株が分散している場合は、すべて買い取るなどの対策を打つべきです。

14 勇気をもって、若手を引き上げる

代替わりすると、去っていく幹部もいれば残ってくれる幹部もいます。

残ってくれた幹部は、既存の業務をまわすノウハウをもっています。ですから会社にとって貴重な戦力です。一方で、二代目が新たに人材を採用し始めると、ベテラン社員よりも潜在能力の高い若手が入ってくるというのは中小企業ではよくあることです。

例えばＩＴリテラシーの能力。デジタルネイティブ世代と呼ばれるように、今の若い人たちはＩＴ機器を子どものころから使いこなしています。世の中の変化を受け入れる思考の柔軟性も高いです。

社歴が長い人たちを優遇するあまり、こうした優秀な若手が働きにくかったり、せっか

く採用してても辞めてしまったりしては、会社の未来が危うくなることを二代目社長は肝に銘じておくべきでしょう。

ただ、若手を引き上げると、それに対して不満を抱くベテランがいるものです。既存の事業をまわせるベテラン社員に辞められてしまうのは怖いことです。しかし、その恐怖は手放してしまいましょう。ベテラン社員に経験を生かせるような業務を任せるのは楽ですが、あえて若手を抜擢《ばってき》してその業務に挑ませるべきです。

そこで大切なのは、ベテラン社員がそのことに不満をもって辞めたなら、それで仕方がないと腹をくくれるかどうかです。もちろん、実際に辞められたら大変なことになります。穴を埋めるために苦労をすることでしょう。だからベテラン社員を辞めさせないようにするのではなくて、それで辞めてしまったら辞めてしまったで、その時に考えればいい、と腹をくくるのです。

若手の足りない点には目をつぶって引き上げると、「役が人をつくる」といわれるように、若手は想像以上に力を伸ばしていきます。それがまわりにも刺激を与えます。

どの会社にも、上のフタを外すと力を発揮する層は確実に存在します。若手を伸ばせるかどうかは、思い切ってベテランというフタを外せるかどうかにかかっています。

組織を変えるのは勇気が要ります。しかし組織の成長のためには何を手放せるか、が重要になってくるのです。

会社のキャパシティも、二代目社長のキャパシティも限られています。ですから何も手放さずに新しいものは手に入りません。**何にこだわり、何を手放すか。思い切って手放せれば、新しいものが手に入ります。**

やったことのないことに対して、良いか悪いかを考えても答えが出せるはずがありません。いかに早くやって、その結果を受け止めて、そこから学んでいくか。それしかないのではないでしょうか。

15 若手に責任あるポジションを任せる工夫

わが社の事業の1つである介護事業では、その一環として運動専門のデイサービス店、「ジョイリハ」を埼玉県と東京都で3店舗運営しています。

1店舗から始め、徐々に店舗数を増やしていますが、数年前、3店舗になった時に全店舗の統括責任者が必要になりました。もちろん3店舗すべてを見るのは容易なことではあ

「ジョイリハ」の店内の様子

りません。店舗には若いスタッフはもちろんのこと、年配のパートさんもいるため、多様な人材をマネジメントしなければならないからです。

介護事業を永続させるには、人件費を抑えて利益を出すしかありません。とはいえ、給料を安くしたら、人を採用できません。総人件費を抑える一方で、一人ひとりの単価を上げていくことを考えなければならないのです。

これまでは社員が中心になって店舗を運営して、パートさんがそのお手伝い的な役割でした。しかしこれからは、パートさんに力を最大限に発揮してもらわないと成り立たなくなるため、パートさんの役割を重くせざるをえません。

ところが、パートさんに責任ある業務を任せようとすると、上がってくるのは「それはパートのやる仕事なんですか？」という不満の声です。統括責任者には、パートさんたちに納得してもらいながら仕事を任せていくことが求められます。

私は、統括責任者のポジションに若手を抜擢しようと考えていました。しかし、若手1人に任せるのは難しいことです。パートさんのマネジメント以外にも、稼働率を上げるための営業活動、店舗サービスの品質向上、安全管理、人材採用、辞めさせない工夫などを担わなければならないからです。

そこで、**統括の仕事を機能ごとに分割して、3人で分担させることにしました**。若手3人が同列の責任者になると、お互いに刺激にもなり、良い意味での競争が生まれます。現在この仕組みは、良く機能していると感じています。

もちろん、その中から抜け出すような人材が現れれば、統括責任者のポジションに引き上げればいいのです。

16 二代目社長の意外なメリットは事業領域の拡大

わが社の柱は、元々は廃棄物の収集や行政からの委託事業でしたが、私は事業承継の前から、新規事業として介護事業を立ち上げました。現在はそこから、保育園の運営など他の事業へさらに広げています。とはいえ、当時、新規事業には受け身的な意味合いもありました。

わが社の原点は、し尿・浄化槽の清掃でしたが、下水道が普及するにつれて仕事が減っていったのです。このため事業転換を余儀なくされました。国も通称、合特法（下水道の整備等に伴う一般廃棄物処理業等の合理化に関する特別措置法）を制定して、事業転換を支援してくれたため、一般廃棄物の収集を始めたり、市の施設の清掃や管理の受託などを始めたりしたのです。

転換を始めてはいましたが、行政発注の仕事が約7割という状況でした。なおかつ業績は右肩下がりでした。違う事業をやらなければ尻すぼみとなることは目に見えていたので、私は情報を集め、ビジネスの種を探しました。

そこで見つけたのが、運動専門のデイサービス店「ジョイリハ」です。最終的には、当時社長だった先代に相談して、新規事業への参入を決断してもらいました。廃棄物の収集と、運動リハビリ。まったく関係ないようですが、実はそうではありません。

わが社は、かつてプールやトレーニング施設などからなる自治体の健康センターの運営を受託していました。当時は、介護への民間参入が話題だったことから、地域の病院と連携した運営手法を企画して提案したことや、プールの監視事業を受託したこともありました。ですから、わが社が、運動専門のデイサービスを行うことがまったくの畑違いというわけではありませんでした。私自身も、元々介護や運動に関心がありました。

さらには、事業を承継してからは、保育園や民間学童、プログラミング教室などをスタートさせてきました。私は元々教師になるのが夢で、学生時代に教員免許も取っています。ですから、私が本当にやりたい「人づくり」の第一歩になればと思ったのです。

なぜ、私が次々とやりたい事業ができるのか。**それは、先代が築いた会社の基盤があるからに他なりません**。廃棄物の収集といった環境事業は、今でも安定的に収益を上げています。この担当部署が機能していれば、そこから上がってきたお金や人を活用して次の事業に打って出られるわけです。

このように、やりたいことをやりやすいのは、二代目の大きなアドバンテージです。

17 事業を広げれば、人が育つ

介護事業を始めることによって、社内にプラスの波及効果がありました。それは、若手が育つようになったことです。

介護事業の立ち上げに伴って新卒採用をスタートさせました。今は新卒入社の若手社員が高齢者に対して運動を指導するインストラクターとして働いています。パートさんを含めてスタッフが30人ほどいます。

こうした環境に置かれた若手社員たちは、年上のパートさんたちに自分の考えを伝えて動いてもらわなければなりませんし、高齢者ともコミュニケーションを図らなければなりません。このため、伝える力や表現力が大きく伸びていきます。これは同世代と比べてもずば抜けて高いと思います。

今では、介護事業で育った若手社員が、環境事業の営業として活躍しています。また、子ども向けの教育事業も展開していますが、教育事業での先生の仕事は、介護のインストラクターと似ています。こういった新しい事業をスムーズに始められるのは、介護事業を経験している若い人材ががんばってくれているおかげもあるのです。

介護を事業として見れば、どう収益を上げるかが大切です。しかし、社員と同様、**事業も1つのリソースとして見れば、事業は人を育てる場所という位置づけもできます。**

私が予想していなかったのは、新卒の採用活動をしていると、介護系、とくに高齢者のフィットネスという事業に興味をもってくれる学生が一定数いるということです。母数としてはそれほど多くはありませんが、そこにターゲットを絞って採用活動をしていくと、確実に人を採用することができます。

わが社が他の介護事業者と違う点は、介護以外の事業も展開していることです。介護事業の先には、他の事業で能力を生かすチャンスがある。これが採用活動でのわが社の魅力にもなるのです。

18 社長とはすべてがさらされ、かつ評価されるポジション

家族から取引先まで、二代目社長は、いつでもまわりの様々な人たちの評価にさらされ

ていますが、最終的に社長を評価するのは誰なのでしょうか。私は「市場」だと思います。市場が社長を評価するのです。

会社が利益を出せているということは、その会社の事業が市場に求められているため、生き残っていけているということです。社長はこのことと向き合って結果を出していく必要があります。

まず求められるのは、市場で結果を出していく覚悟です。市場で結果を出すとは、利益を出し、会社を成長させていくことです。そのためには、**社長としてはもちろん、一人の人間としての言動や生き方もまわりから見られているということを忘れてはいけません。**

社長は政治家や芸能人のように、プライベートはあってないようなものだからです。市場は経営者としての力量を評価しますが、社員たちは経営者としてだけでなく、常に一人の人間として見ています。ですから、社長は仕事ぶりや業績はもちろんのこと、プライベートのことまで常に評価にさらされています。良くも悪くも、自分が意図しない評価をされることもあります。

社長に対する批判は、自分個人への攻撃だという気持ちで受け止めると、心が折れますし、腹も立ちます。しかし、見方を変えればいいのです。別に、社員たちも悪気があって批判しているわけではありません。社員たちの視点でものを言っているだけです。それに向き合っていけばいいのです。

「社長＝個人としての自分」ではない。私の役割の1つが社長だというふうにとらえてしまえば、受け止めることができるのではないでしょうか。さらに社長自身が変わっていくことによって、社員の見る目も変わっていきます。

もちろん社員たちにとって、会社での自分の生殺与奪権《せいさつよだつけん》を握っているのは社長ですから、表立って社長に反対することはほとんどありません。しかし、社員たちは社長の行動をよく見ています。私自身のことを振り返ってみても、私が社員に媚びてしまったり、社員との関わりに依存してしまったりしていたころは、私が何か指示を出して、社員が「はい」と返事をしていても、結局何も動かないということがありました。

ところが私自身が変わっていくことによって、私の考えが如実に伝わるようになっていったのです。社員が聞く耳をもつようになり、さらに社員の行動も変わっていきました。

19 大反発があっても前に進む

社員にとって良い会社にするためにはどうすればいいのか。経営者は、このことを考えながら色々な方針を打ち出します。

私が会社を承継したころは、業績が悪化していきました。そこで、何とか立て直そうと「今度はこれをやるから」と社員に話してみたのですが、大反発が来るわけです。

実際にやってしまえば、たいしたことはありません。しかし、社員たちは、変える内容というよりも、変わること自体に反発するのです。それでも、私は自分が出した新しい方針に向けて、強制的に進めていきます。そうすると反発されて、自分にとって言われたくないことを言われるのです。

これは今も同じです。私は年2回、社員にアンケートを取っています。社員の会社への愛着心や思い入れを指標化するエンゲージメントと呼ばれるものです。指標は確実に上がってきています。しかし、アンケートには「会社を良くするためにはどうしたらいいですか?」というフリーコメント欄があり、社員たちは、そこに色々書いてくるのです。

社員のアンケート結果の一例

グループ	コメント
本社 部門A	・資格取得報奨金はないのか。 ・３年以内の退職者がどうすれば減少するのか、考えを伺いたい。
ジョイリハA店	・マネージャーの会議が多く、現場で利用者様に接する時間が少ない。 ・各部署の人員配置は適切か、疑問に思うことがある。
ジョイリハB店	・人員が不足し仕事量が増えている。
ジョイリハC店	・社長や幹部とコミュニケーションを取る機会を増やしてほしい。
保育事業A	・弊社の取り組みを多くの方に知っていただくために、子育てイベントやお祭りに出店し、手づくりおもちゃやおやつの販売、親子で参加できるワークショップをしてみたい。
保育事業B	・休日を増やしてほしい。 ・早番・遅番手当をつけてほしい。

例えば、私が海外に視察に行くことへの批判があります。私自身は、これからの時代を考えた時、世界の変化を踏まえて、海外に出ていくことも視野に入れて自分たちの未来を考えていかなければならないと思っています。ですから海外視察にも行くのですが、「社長が海外に行く金があるなら、ボーナスとしてほしい」と書いてくるわけです。

そうしたアンケート結果を踏まえて、どうしたらいいのか幹部で話し合って、社員にも回答します。できないものはできない。変えるものはこう変えていく。そうしたことを回答します。

私が海外に行く話でいえば、「会社が

生き残るためには、未来に向けての投資が必要です。それならあなたに１００万円をボーナスで渡します。その１００万円を会社のために使ってくれますか？」と投げかけます。すると、社員は「うーん」となるわけです。

「利益は教育と未来への投資とお客様を増やすことに使う。その後、社員へ還元する」

会社の方針には、こう明記しています。ですから、海外視察はやめません。きちんと説明すれば、社員は納得してくれますし、時には視察内容にあった仕事をしている社員を連れて行くこともしています。

Coffee Break ②

コーチングで人生のトランスフォーメーションが起きた

知人によると、エグゼクティブ・メンタルトレーナーである秋山ジョー賢司さんのセッションを受ける前の私と今の私は別人だそうです（本章1参照）。どこまで本当かわかりませんが、「え？　誰、この人」というくらい違いがあるというのです。もちろん、私自身もそれくらいの変化を実感しています。

私が受けた8回のセッションでは、秋山さんの質問に答えながら、自分の過去の経験をすべて洗い出していきました。すると、自分が考えていた過去がまるで違うものに変わっていったのです。

狭山青年会議所の理事長を経て、２００９年に青年会議所の埼玉ブロック協議会の会長を務めた私は、会長就任にあたって、自らの活動指針を発表しなければならず、当時の幹部たちから質問攻めにあい、徹底的に批判されたことがありました。

こうした機会を通して、色々な研修を受け、自分のビジョンやミッションを突き詰める作業をやってきたつもりでした。

ところが、秋山さんのコーチングは、今まで受けたものとは圧倒的に違いました。過去の成功や失敗、人間関係などが、これまで自分の中で思っていたものとはまったく別のものに書き換えられました。よく「過去と他人は変えられない」と言われますが、自分の捉え方が変わることで、過去も他人も変わったのです。

そうやって自分自身の中にあるものを一つひとつ洗い出して、まとまっていなかったり、つながっていなかったりしたことがまとまり始め、自分のコアとなるビジョンやミッションが少しずつ言語化されていきました。言語化されたコアビジョン、コアミッションを通して、今という世界を観ることができると、経営や社員に対する考え方がまったく違うものに書き換えられていったのです。

あのころ、私はずっと「会社を守らなきゃ」と考えて、会社と自分を同一視していました。社員のためと思って経営していたのに、最も目にかけていた社員に裏切られたりもしました。それでも何とか会社を良くしようと試行錯誤をしていましたが、まわりの誰からも理解されていませんでした。

「大澤さん、がんばっていたんですね」。

初めてのセッションの時、秋山さんにそう言われて私は涙があふれてきました。私には「がんばってるね」と言われたいという自覚はありませんでした。がんばりが報われていないとすら思っていませんでした。人は、自覚できていないことがたくさんあるのです。私は、自分ががんばっていたということ、そのがんばりをわかってほしかったということを自覚することができました。

当時の私は、相手を思うあまり、言いたいことをずばずば言ってしまい、相手に逆に嫌がられてしまう経験から、自分が思った通りに関わると相手に嫌がられるという信念（コーチングの世界では「ビリーフ」と言います）をもってしまっていました。

しかし、秋山さんのセッションを受けて、「今を受け容れ、その人を生かすことで相手が生きる面白さを探究し始める」というコアミッションのために、自分が思うように関わってもいいんだ、という信念（ビリーフ）に書き換えることができたのです。自分の中で、今までセーブしていたものが外れていくかのようでした。

これは秋山さんの言葉ですが、私の中で人生のトランスフォーメーションが起きたのです。トランスフォーメーションとは、日本語で「変形、変質」。一例としては、蝶などが幼虫からさなぎになって、成虫になるというあれもそうです。

さなぎの中で何が起きているのか。体を溶かしているそうです。蝶でいえば、幼虫の時には、いっぱい葉っぱを食べて栄養を摂り入れますが、さなぎになると、何も食べずじっとしたままです。外から何も入れません。それまでに入れたものを溶かして、違うものにつくり変えていくのです。

秋山さんとのセッションも同じことです。私の中に何か新しいものを入れたのではなく、それまで自分がやってきたこと、経験してきたことをいったん溶かして、新しいものに変えてもらったのです。

秋山さんにいただいた言葉をもう1つご紹介します。

「私が信じているのは君の言葉じゃない。君でもない。私は君を信じている私を信じている。私の言葉を信じなくていい。君は君の言葉も信じなくていい。君を信じている私を信じればいい。君を信じている私を信じてくれた君。それは君が君を信じることになる」。

これは、自分を信じてくれる存在を通じて、自分で自分を信じられるようになる、ということです。経営者には、圧倒的な自己信頼力が必要ということを秋山さんは私に気づかせてくれたのです。

第3章

二代目社長のメンタルの保ち方

——非難や反発とどう折り合うか

1 「社長は孤独」という現実から目を背けない

アメリカにサバイバル教室を運営するトム・ブラウン・ジュニアという人がいて、日本でも彼の考え方や活動が紹介されています。彼は幼いころ、ストーキング・ウルフという名の古老のネイティブアメリカンに育てられたそうです。ストーキング・ウルフは、動物などの足跡からその動物の動きはもちろん、それ以外の情報までを読み取ることができる力をもち、その力は「トラッカー」と呼ばれています。

トム・ブラウン・ジュニアは、ネイティブアメリカンのトラッカーの技術を伝承した人なのです。彼が記した本には「自分にとって最高のパートナーは自分。自分というパートナーと出会えれば、孤独は存在しない」というような話が書かれています。

自分をいかに信じられるかが大切であり、「自分は自分とともにある」という感覚をもてる人は強いのです。とはいえ、なかなかそんな感覚を得るチャンスはないでしょう。

私自身は、半ば強制的にスウェットロッジやビジョンクエスト（［Coffee Break ③］参照）という信じられないような体験を通して、この「自分は自分とともにある」という感覚を実感することができています。

先にもご紹介した私のメンターである秋山ジョー賢司さんは、自分の内面について、コアセルフとセルフという分け方をしています。自分はセルフですが、その自分の中には本当の自分＝コアセルフというものがいて、それが自分を生かしているということをイメージしましょう、と言うのです。私は、トム・ブラウン・ジュニアの言っていることと秋山さんの話は同じことだと思っています。

自分自身をどう理解し、どう自分の中に取り込んでいくか。これができていないとどうなるか。色々な不安を抱えている経営者は、それを解消するために社員に好かれようとしてしまいます。もちろん、好かれること自体は悪くはありません。

しかし、経営者と社員では見ている視座が違います。経営者の視座に立って判断することが経営者の仕事であり、時には社員には理解できない決断をしなければならない時もあります。それなのに社員に好かれようとしてしまうと、経営判断を誤ってしまいます。

そういう意味で、経営者は確かに孤独です。しかし、孤独という現実から逃げるわけにはいきません。大切なのは、**他人に依存するのではなく、自分に依存できるようになること。**そうすれば、強い自分でいられるのではないでしょうか。

第3章

2 失敗してなんぼ。挑戦し続けることが会社の歴史をつくる

私の祖父は、茨城でパチンコ店を開いて大儲けした時代があったそうです。そのころ、100円札を燃やしてすき焼きを食べたという逸話も残っています。書店を経営し、これも大当たり、ライカの高級カメラを買っていたこともあれば、一転して路上で靴磨きをやったり、山谷で日雇労働者だったこともあるそうです。

祖父は、驚くほど浮き沈みが激しい人生を送り、チャレンジ精神が旺盛な人だったそうです。しかし、そんな型破りなことばかりやっていては、会社がつぶれるに決まっています。祖父は大成功した時期もあるのだから、もう少しちゃんと経営していれば、私は大きな会社の跡取りだったかもしれません。じいさんは何をやっているんだ、と思ったこともありました。

しかし、いざ自分が社長になって会社を経営してみると、祖父は自分の可能性にチャレンジしたのだということがよくわかるようになりました。

一度の失敗で挫折する経営者もいます。それなのに、祖父は何度も失敗しては立ち上が

りました。日雇労働や靴磨きをして細々と生計を立てながら、命がけで生き延びて、また事業を興して、今の会社を残してくれました。

きっと、祖父は何かを守ろうなんて気持ちは、これっぽっちもなかったでしょう。**失敗したら、またやり直せばいい。挑戦あるのみ。**そんな気持ちで生きてきたのではないかと思います。守ろうと思っていたら、守れなかった時点できっと挫折していたでしょう。守ろうという気持ちがみじんもなかったから、今の会社があるのです。

チャレンジというのは、何も新しい事業を始めることだけではありません。今やっている事業の中にもチャレンジはあります。

例えば、「はじめに」で触れた星野リゾートが好例です。元々は旅館業でしたが、今はリゾート運営業になっています。旅館業の延長線上にはあるけれども、運営の手法についてチャレンジしているわけです。

和菓子の老舗である虎屋がカフェを始めたり、お茶の福寿園がペットボトル入りのお茶を始めたりしているのも、まさにチャレンジだといえます。

3 「社長」より「自分」を生きることで見えてくるもの

父が亡くなってしばらくの間は、海外に行く時に飛行機の中で映画を観るたびに、期せずしてぼろぼろと涙が出てきました。それは例えば、『64（ロクヨン）』や『リメンバー・ミー』といった映画です。映画の中の世界と自分の置かれた状況が重なる場面が多かったので、胸に迫るものがあったのです。

そのころ、出会ったのが、ヒュー・ジャックマン主演のミュージカル映画『グレイテスト・ショーマン』です。私は、元々はミュージカルが好きではありませんでしたが、予告編を見かけてから、なぜか気になってしまい、映画を観てみたのです。すると、あるシーンで涙が止まらなくなってしまいました。その年に7回観て、7回泣きました。

映画本編以外にも感動したのが、ユーチューブにアップされている『グレイテスト・ショーマン』のクランクイン前のリハーサルの動画です。

主演のヒュー・ジャックマンは撮影前、鼻にがんが見つかって手術をしました。80針を縫って、歌ってはいけないと医者に止められたのです。代役が歌うということでリハーサルを始めたのですが、ヒューはクライマックスの場面になったら、いてもたってもいられず、歌い始めてしまいます。すると、みんながすごく盛り上がるのです。とても感動的なシーンでした。この動画を見て私は、ヒュー・ジャックマンが大好きになりました。

2019年の新卒採用の会社説明会では、この動画を見せて、「こういう会社をつくりたいんだ！」と話したくらいです。

2019年にアメリカのラスベガスに出張に行った際、『O（オー）』というシルク・ドゥ・ソレイユのショーを観ました。私はそのショーに感動し、こういうショーは、定期的に観るべきものだと思って、色々調べていたら、ヒュー・ジャックマンのワールドツアーを見つけました。

ニュージーランド公演の、しかもすごくいい席が空いていました。これは取るしかないと予約して、休暇を取ってニュージーランドに飛びました。私が押さえたのは、オープニング前のレセプションパーティーに参加できるチケットです。なんと、公演前にヒューがいる楽屋に入ることができました。

スクリーンで見る彼。ユーチューブの彼。ステージ上の彼。楽屋で会った彼。すべてが一緒なのです。とりわけユーチューブの動画では、ヒューがリハーサルの空気をつくって

第3章

いる様子が伝わってきます。「大丈夫だよ」という空気感を醸し出しています。それを彼はステージでも、ファンと接する楽屋でも同じようにやっていたのです。

映像の中の彼と、現実の彼が同じなのです。ヒュー・ジャックマンは、いつも自然体でヒュー・ジャックマンを演じている。このことを見せつけられて、自分もああなりたいと思いました。

役割ごとに自分が変わるのではない。「社長をやっている自分はこんな自分。そうじゃない時の自分はこんな自分」とわけるのではなくて、「社長をやっている時もそうではない時も、自分はこういう自分」という状態になれることが大事だと思います。

「社長だからこうしなければいけない」という感覚ではありません。社長であろうが、社長でなかろうが、自分は自分。そんな感覚です。

自分の人生における使命があって、その使命を果たすための手段の1つが社長という役割です。社長としてどうあるべきかよりも、まずは自分としてどうあるべきか。それを考えることが、人生という旅の主人公として生きることにつながるのです。

4 他の社長と比較しても、何の意味もない

企業の社長なら、業界団体や地域、セミナーなど何かしら経営者の集まりに参加することがあると思います。その時、ついまわりの社長と自分を比較してしまいませんか。私もかつて、他の社長と自分を比べ、知らず知らずのうちに負のサイクルに入ってしまったことがありました。

青年会議所（JC）に入っていた私は、埼玉ブロック協議会の会長や地域の理事長など、それなりの立場に就いていたので、それなりに力があるほうだと自負していました。

私がJCの埼玉ブロック協議会の会長を務めていた時、全国のJCのトップだったのが沖縄県の安里繁信《あさとしげのぶ》さんでした。安里さんは年商4000万円くらいだった家業の運送業を年商800億円の巨大グループへと成長させた、当時のJCでは伝説的な人でした。

JCの全国大会で翌年の会長に選ばれた安里さんは、トラック運転手からスタートして、いかにしてのし上がってきたかを語るわけです。とにかくハングリー精神にあふれているのです。みんなが安里さんの魅力に引き込まれているのが感覚的にわかりました。「これ

はかなわないな」と思い知らされたのです。
その時、私は安里さんと自分自身を比べていました。自分は自分の力を発揮するしかないのに、人と比較して、自分にはない安里さんのハングリー精神をうらやましがっていました。今振り返ってみると、ないものねだりをすることによって自分が足りない部分をごまかそうとしたのでしょう。人と比べてしまったのは間違いでした。比較しても仕方のないことを比べていたわけです。ハングリーな過去の経験があるかどうかなんて、今さら言ったところでもうどうしようもありません。

私はかつて、自分よりも他の社長がみんな成功しているように思ってしまうことがありました。他の社長ができているのに自分はできていない、と気になってしまっていたのです。あっちと比べ、こっちと比べ、あれが足りない、これが足りない。これがあればあの人のようになれたのに、自分にはないからなれない。そんな前提をつくっていたのです。

よく考えてみれば、その人にはできていないことが自分にはできていることもあるはずです。**他人と自分を比べること自体、あまり意味はありません**。どこに軸足を置くかなのです。他人に勝つことではなく、「自分を発揮する」という点に軸足を置くべきです。

私の場合、秋山ジョー賢司さんにコーチングをしてもらったり、松木正さんのネイティブアメリカンの体験（［Coffee Break ③］参照）から学ばせてもらったりすることで、自分と向き合うことができるようになりました。このように経営者は、メンターといえるような人と出会えるかどうかが大きいと思います。

2人と出会って、自分自身がどうなっていくべきかに目を向けられるようになりました。2人との出会いがなければ、今でも他の経営者と比べてしまっていたでしょう。

他の社長のいい点を学ぶのは大切なことですが、**比較するのではなく、吸収するのです。**そのためには、自分の軸をもちましょう。それがないと、まわりに影響されたり、ぐらついたりしてしまいます。

5 ライバルは「過去の自分自身」

それでは、自分自身と向き合って、軸をつくるにはどうすればいいでしょうか。

「昨日の自分よりも今日の自分ができるようになったことは、何だろうか」。そんなふうに自分自身を比較していきます。気にすべきは、まずは自分がやるべきことをやれているかどうかです。さらに、昨日より今日、今日より明日と自分自身がレベルアップできているかどうかです。

ですから私は、社員との面談でも同じような視点で向き合っています。わが社では、毎月上司と部下の面談を義務づけています。私も、私の直属の経営幹部と月1回面談をします。その際、社員には前月を振り返ってもらうのですが、「今月は、10点満点で何点?」と聞くようにしています。どの水準を10点満点とするかは、本人の感覚でかまいません。

すると、3点、4点、ひどい時には、0・1点と自己採点する社員がいます。

その点数の理由を聞くと、多くの社員はマイナスの部分、今月の自分自身にできていなかった点を話し始めます。そんな時、私は「減点の理由ではなく、0点じゃなくて1点でもプラスになった加点の部分について聞かせて」と問いかけます。

このようにプラスの理由を聞く効果は、大きく分けて3つあります。

①点数が低くても、できていることに目を向けるようになる

0・1点であっても、3点であっても、0点から加点した部分の話をさせると、嫌々ながらできたことを探し始めます。初めは少ししか挙げられない社員も、これを繰り返していくと、**できていることに目を向け始めます。**

私自身も1週間や1カ月を振り返って自分の点数をつけていました。私も最初のころは点数が低かったものです。できていないことばかりを見ていました。さすがに0・1点はありませんでしたが、2点や3点でした。それでも、なぜ、その点数なのか全部書き出していくと、「意外とできていることがあるな」と気づくものです。

②できることに目を向け続けると点数が上がっていく

1点でも2点でもプラスの部分に目を向けると、そこから何かしら行動したことによって、レベルが上がるのです。レベルが上がると、視座も変わり、以前は見えなかったものが見えるようになります。以前の自分は思ってもみなかったような、やらなければいけないことが見えてくるのです。

実際に、かつては3点や4点をつけていた幹部たちが、今は6点、7点、8点をつけるようになってきました。

③できない自分に言い訳をしなくなる

自己イメージが高いと、自分はここまでできるはずだというものに対して、できていない自分を受け入れられない。すると、反省という名の言い訳でごまかすのです。

できていない部分を問いただすと、言い訳をつくってしまいます。できていない部分に着目するのではなく、2点でも3点でも、できている部分を認めていく。それができたのはなぜなのかを考えていく。すると、うまくいった要因が見えてくるのです。前向きなものの見方ができるようになるのです。


これは、昨日の自分との比較であって、決して他人との比較ではありません。ライバルは自分自身。自分に目を向けるべきです。**過去の自分より1点でも2点でもできたことを積み上げていく。すると、仕事のレベルが上がり、考え方の基準も上がっていくのです。**

6 ベンチマークはしても、そのまま真似はしない

他の経営者と自分を比べないといっても、会社を改善するために他社と比較（ベンチマーク）することはあります。

わが社がお世話になっている中小企業コンサルティング会社、株式会社武蔵野には地域

会というのがあり、埼玉県の会員企業同士でベンチマーキングし合う機会が、年に何回かあります。その場には社員を連れて行って学んでもらっています。

そもそも武蔵野という会社自体、ダスキンのフランチャイズ事業からスタートし、今は年商70億円くらいに成長した企業です。わが社から見れば、こうなれたらいいよね、というモデル企業の1つです。私はできるだけ色々な場に出向いてネットワークを広げるようにしているので、他にも優れた企業経営者と直に接する機会が多いのです。

こうなりたい、と目標になるような企業はたくさんあります。ただ、そんなモデルとなる企業を自分が単純に真似をしたら、けがをしてしまうのは必定です。例えば、ある会社はティール組織（指示系統がなく社員一人ひとりが独自に動いて意思決定していく組織）の仕組みを実現して利益を上げていますが、それをそのままわが社で導入したら、組織が崩壊してしまいます。

他社のことをモデルとして見てはいますが、そのまま取り入れるのではなく、あくまでも学びの対象にするのです。

7 二代目社長は無責任なくらいがちょうどいい

まわりにとやかく言われなくても、二代目社長は「会社を存続させよう」「絶対につぶさない」という責任感をもっています。それも強すぎるくらいの責任感です。しかし、会社を存続させることに責任をもちすぎないほうがいいと私は考えています。

第2章で、「人に対してではなく、コトのあり方で責任を取る」という話をしました。二代目は「つぶしちゃいけない」という責任の取り方をする必要はありません。そもそも創業というものは、うまくいくかもしれないし、いかないかもしれない。うまくいったならどうするか、うまくいかなかったらどうするか。単にそれだけの話でしかないのです。

二代目が責任を感じすぎると、身動きが取れなくなってしまいかねません。**一度、無責任なくらいに責任を手放してしまって、社員に任せてしまったほうがいいのです。**

もちろん社員に任せて全部がうまくいくとはかぎりません。しかし、私が色々なチャレンジができるようになっているのは、社員に思い切って任せるからです。任せた社員が任せられるレベルにあるのか、あるいは任された人がハッピーなのか、という話は別です。

おそらく任された社員は大変な思いをしていることでしょう。

それでも、何とかなるのです。社員に任せられないと、社長が自分でやらなければならないため、事業は広がっていきません。社員に任せているから、私は毎年12月にホノルルマラソンを走れますし、休みを取ってニュージーランドにも行けるのです。

社長をしている私の友人が「ハワイに行きたい」とこぼしていた時期がありました。私が「どうして？ 行けばいいのに」と言ったら「社員の手前、休みを取ってハワイなんかに行けない」とのこと。私は「それって誰のために経営しているの？」と投げかけました。

結局、その社長は休みを取ってハワイに行きました。彼は、かつては社員を幸せにする、笑顔にすると言っていました。私が「あなたの会社の社員は、社長に幸せにしてもらわなければならないくらいのレベルなの？」と言ったところ、「え？ そんなはずないだろ！」と思ったらしいのです。

今は多くを社員に任せるようになって、ほとんど会社にいないそうです。

8 二代目だからこそ、大きな夢を描こう

一説によると、地球は17億年後、生命が住める星ではなくなるそうです。宇宙のどこか別のところに太陽系と同じような惑星系があり、そこには地球のように人類が住める環境の惑星があると考えられています。そこへ行くにはワープという技術が必要だということまでわかっているらしいのです。ワープの技術が確立されれば、地球に生命が住めなくなっても人類は存続できる可能性があるわけです。

17億年後の人類なんて、今の私たちにとって関係ないといえば関係ない。

しかし、ある人に次のように言われました。

「現代に生きる私が悩み、苦しみ、家族をもち、喜ぶように、17億年後の自分の子孫たちも同じようにやっているはずだ。自分が直接何かできるわけではないが、自分が人に影響を与えて、その人がまた次の人に何か影響を与える。これを繰り返していった結果、ワープの技術をつくるかもしれない」

この話をきっかけに、私は「17億年後の人類のため」ということを想像し、意識するよ

うになりました。自分が今やっていることが、巡り巡って17億年後につながればいいのではないか。それを社員に話したのですが、残念ながら誰もピンと来ていないようでした。

自分がやりたいことが、その先、世の中への貢献につながり、エコロジーにつながり、さらに世界平和につながっていく。それくらいのことを思い描く権利は誰にでもあります。

とりわけ二代目は、先代が築いた会社というリソースをすでに手にしているのですから、大きな夢を描いていいのではないでしょうか。

Coffee Break ③

私のネイティブアメリカン体験

①スウェットロッジ

私には、秋山ジョー賢司さんの他に、松木正さんというもう1人のメンターがいます。松木さんとの出会いもまた、私自身の中に変容を起こしてくれました。

松木さんはアメリカのサウスダコタ州にあるネイティブアメリカンたちのための領有地、シャイアン居留区に20年くらい住んで、ラコタ族の伝統儀式を学んだ人物です。今は日本で「マザーアース・エデュケーション」という団体を立ち上げて、企業研修や学校支援などを手がけています。

ネイティブアメリカンには、古くから伝わる7つのセレモニーがあります。そのうちの1つが「スウェットロッジ」です。

まずテントを建て、その中に石を入れるピットと呼ばれるスペースをつくり、真っ赤に焼いた溶岩石を置いていきます。石を何十個も入れたら、入り口を閉めて真っ暗な空間にします。この空間で石に水をかけるとものすごく熱い蒸気が上がります。

テント内は、100℃くらいの熱いサウナ状態になります。そこで、参加者は、祈ったり歌ったりするのです。このセレモニーが「スウエットロッジ」で、それをリードするのが松木さんです。最後にイエスカという参加者一人ひとりにあてたメッセージが松木さんのもとに降りてくるので、それを参加者に伝えてくれます。

初めて参加してみた時、まわりは女性や体力のなさそうな方ばかり。体育会出身の私は体力や苦行には自信がありましたので、単なるサウナだろ、という感じで入りました。

ところが、熱い蒸気が舞い上がる中で呼吸をすると、鼻も口も焼きただれてしまうような感覚になります。「人がいちゃいけない場所だ！」そう思うと、みるみるパニックになってくるではありませんか。私はぜんそくをもっていることもあって、苦しくてたまらなくなりました。

15人ほどがそのテントの中に入り、夜10時くらいからスタート。1回1時間（1ラウンドと呼びます）ほど、ずっとそのテントの中にこもるのを計4回ほど繰り返します。時間にしてトータルで5時間か6時間ほどです。

1ラウンド目が終わって休憩に入り、入口が開くと、多少涼しくなります。その時、「ちょっと出させてください」と言って外に出た人がいたので、私も一緒に逃げ出してしまいました。心臓がドキドキして、フラフラになりながら、土の上に横になったのです。

「俺って逃げるんだ」。星空を見上げながら、逃げ出した自分を自覚した時、何だか不思議と自分を認めてあげることができました。自分を認めることができた瞬間、初めて、他人の痛みに共感できたのです。

逃げる、人の痛みに寄り添う。そんな感覚を自覚すると、不思議とスウェットロッジの中に戻っていける勇気がもてました。そして、不安や恐怖でパニックになる自分、泣いている自分、逃げたい自分とちゃんと向き合いながら、何とか最後までやり遂げることができたのです。

以後、私は春夏秋冬、定期的にスウェットロッジに入ります。その度に不思議な体験や自分について多くの発見があります。スウェットロッジを通じて、理屈や理論では説明できないことがあることを知りました。

それは経営者としての器を広げることにもつながっています。何より、涙や汗を流すことが身体と心のデトックスになっています。

②ビジョンクエスト

私は松木さんが行っている「ビジョンクエスト」というワークショップにも参加しています。簡単に言ってしまうと山ごもりです。ネイティブアメリカンの場合、男の子は14歳の時に必ず山にこもるそうです。それは、これから自分は何のために生きていくかという人生のビジョンを得るためだそうです。

私は毎年9月、このビジョンクエストに参加しています。具体的には、森に入って、そこで2晩飲まず食わずで過ごします。

山にこもる前に、スウェットロッジに入ります。そこからサポーターと呼ばれるワークショップのスタッフが、ライトをつけながら暗い山道を結界まで連れて行ってくれます。

私はその時にすごく不思議な体験をしました。結界へと向かう途中に東西南北に祈りを捧げるのですが、最後に南の方向に祈った時、山の上のほうから人が降りてくる気配がしました。後ろに来たと思った瞬間、私の背中をスーッと触っていった

森の中に結界を張っている様子

感覚がありました。絶対に他の人が私に触れることはない状況なのに。

山に入り、結界にこもってすぐの時、白い影が見えました。

その後、スウェットロッジに戻り、参加者同士で経験をシェアします。最後に松木さんが参加者一人ひとりにメッセージをくれた時、私に「2人の男が見える」と言いました。

1人は油の臭いのするつなぎを着ていて、もう1人はサングラスをかけていると言うのです。「サングラスをかけているのは、お前に本心を見透かされたくないからだ。お前も本心を見せようとしていない」とのことでした。そのサングラスは、レイバンのものだと言うのです。その2人がお前のことを応援しているよ、というメッセージだとも言われました。

思い返せば、父はレイバンのサングラスが大好きでした。実家に飾ってある、ハワイ旅行での両親の写真。そこに写っている父はレイバンをかけています。父を育てた祖父は、戦前は飛行場で整備士をやっていたらしいので、油臭いつなぎは祖父かな、とも思いました。ただ、父の本当の父は米兵ですから、そちらがつなぎなのかなとも思いました。

スウェットロッジもビジョンクエストも、理屈で考えたらあまり信用できない、怪しい話かもしれません。私も自分で体験するまでは、こういったことをあまり信用しないタイプでした。しかし、これらの体験を通して世の中には理屈で説明できないことがあることを、身をもって知ったのです。

自己信頼や祈りは、理屈だけでは説明できません。ビジョンクエストに行って実感したのは、人が人のためにできるのは結局、祈ることだけだということです。

サポーターの人たちが一生懸命に森の中に結界をつくってくれる姿を見て思ったのは、私が一晩をいい加減に過ごしてしまったら、この人たちの努力は報われないということです。祈ることのパワーのすごさを感じられた体験でした。

体育会系だった私はかつて、「スピリチュアル」に対して興味がありませんでした。それまでは、努力こそが成功につながると信じていましたし、うまくいかないのは努力が足りないからだと考えていました。まさに体育会の根性論につながる考え方で、これは、自分にどんどん足りないものを足していくということです。つまり、新しい知識や技術を加えるということです。

ところが、松木さんが行うスウェットロッジやビジョンクエストは、これとは逆の考え方です。加えるのではなく、手放す感覚、解放です。これは瞑想も同じではないでしょうか。自然や地球、宇宙、空といったものとつながるイメージをもつためのものです。このつながりができると、孤独が怖くなくなります。

私は定期的に、こういったワークショップで自分を解放しています。普段の自分が通用しない場所に自分を置くことで、自分の内面と向き合うことができるからです。自分の内面と向き合うことで、行動や結果にも良い影響を与えるのです。

経営者は、ビジネスシーンではないところで、誰にも邪魔されず自分を見つめ直す、自分と向き合う方法をもつことをぜひおすすめします。

第4章

社長は自ら社員に好かれようとしてはいけない

――適度な距離感で主体性を引き出す

1 社長が「いい人」と言われたら危険信号

経営の神様といわれる松下幸之助は、「あそこの主人はいい人だね」と言われるような評判をつくりなさいと説いています。このように世の中から「いい社長だね」と言われても、社員からいい人だと思われるのは危険です。

正確に言うと、**社員から好かれるのはいいのですが、自ら社員に好かれようとしてはいけません。**なぜ、社員から好かれようとしてはいけないのか。それは、会社は仲良し学校ではないからです。社長は時に厳しい判断を迫られたり、社員の反対を押し切って新しいことを断行したりしなければなりません。

社長が社員に媚びていては目的を達成することはできませんし、経営判断を誤ってしまいます。しかし、多くの二代目は、社員に好かれようとして、冷静な判断ができなくなってしまうのです。好き嫌いという「感情」が会社の経営に影響を与え、売上の上昇を阻害してしまいます。

一方で、社員も社長に媚びてイエスマンになってしまいがちですが、これもいただけません。社長と社員は、会社の利益を上げるという共通の目的をもった同志のようなものですから、お互いに甘えてはいけないのです。

社員は会社に安定と安心を求めているかもしれませんが、社長は常に、変革と挑戦をしなければいけません。その時に、お互いが抱く「嫌われたくない」という感情が会社に対してマイナスに働くことがあります。

人は誰しも嫌われたくはありませんし、できれば好かれたいと思っています。しかし、社員に好かれる社長がいい社長だという幻想は捨てなければいけません。

二代目社長も、経営者として信頼されたり、尊敬されたりすることは必要です。信頼や尊敬なくして、社員たちはついてきません。ただし、社員に媚びてはいけないのです。

2 社員との飲み会は目的を明確にする

私自身、社長を受け継いだ当初、社員に好かれようとして媚びていました。その代表的な例が飲み会です。当時は頻繁に社員を飲みに連れて行っていました。親睦を深めることができるので、社員と飲むことが楽しいですし、社員も楽しんでくれていると思っていました。ところが、そう思っていたのは自分だけでした。

当時を思い返すと、私は社員に説教したり、自分の思いを一方的に伝えたりしていました。それでは、自分の憂さを晴らすために飲んでいるだけです。社長は良かれと思ってやっていても、社員からすればいい迷惑です。しかも、社員は社長に誘われたら断れません。

以前は社内行事のあと、社員全員で懇親会を行って盛り上がり、さらに幹部だけで2次会、3次会に繰り出して、グデングデンになるまで騒いでいました。

しかし、それが何を生んだかというと、結局何も生んでいないのです。社員と飲むのが悪いわけではありません。むしろ必要なことです。ただし、社長は「幹部のガス抜きのため」というような、戦略を立てて飲むべきです。

社長が幹部と一緒になってグダグダ飲んでも仕方ないのです。お互いにどんなに距離が近くても、社長は社長、社員は社員。飲みの場で社長が最後までいるのはあまり良くないと思うようになりました。

今、わが社では年間計画に飲み会の予定も入れてしまっています。最近は少し減らしましたが、以前は職場の飲み会を計画的に毎月やるようにして、コミュニケーションを取ってもらっていました。もちろん、会社が補助金を出していました。思いつきで飲み会をやってしまうと、社員には迷惑なだけです。

社員の飲み会では、私が参加するのは1時間と決めていました。会社の方針などについての質問を1人3つずつくらい考えてきてもらって、私がそれに答えておしまいです。1時間経ったら社長はいなくなるので、社員にとっては気楽に参加できます。しかも、聞きたいことも聞けるわけです。

私は、部長職とは「サシ飲み」というのを半期に1回くらい行います。女性幹部もいるので、飲みにこだわらずに「サシランチ」にすることもあります。幹部とのサシ飲みは、最初のうちはルールを決めていました。失敗したことや趣味など、いくつかのテーマの中から幹部が好きなものを選びます。それに対して、私がまず自己開示したあと、相手にも同じように話してもらうというものです。そうすると、お互いの共通点がわかり、打ち解けることもでき、その後の会社の話もしやすくなるからです。

今はテーマを決めずに普通に飲んで、「どう?」という感じで話をして、1時間から1時間半でおしまいにしています。

約4年前のことですが、一時期、非常に飲み会が多くなっていた時期がありました。同期飲み会、職場懇親会、上司と部下のサシ飲みなど。そうすると飲み会をすることが義務になり、義務に感じると負担感に変わります。コミュニケーションを良くするはずの飲み会をやっても、新人がすぐに辞めてしまうなど、効果を出せない時期がありました。そこで、思い切ってこうした飲みニケーションをすべてやめる決定をしました。

「コミュニケーションを向上し、より良い職場にしようと飲み会の仕組みをつくりましたが、時期早尚でした。なので、一旦すべてストップします」と社員に伝えました。

そうして1年間、社内の飲み会をやらない期間を過ごしてみると、社員の間では、「飲み会も大事だよね」という話になってくるわけです。かつては、社員が他部署の上司とサシ飲みする、というのを行っていたのですが、それは復活させてほしいという意見が出てきたので、復活させました。

他部署の上司のほうが、直属の上司より話しやすい。説教もされにくい。無理やり距離感を縮める必要もない。距離感をどう保つかなんて考えずにお互いに言いたいことを言いやすいようです。

私の場合、幹部に裏切られて何人も大量に辞めたのは、飲み会が多かった時期でもありました。社員たちと一緒に飲んで、盛り上がっていました。社員から「飲みに連れて行ってくださいよ〜」とせがまれることもありました。それで私は信頼関係ができていると思い込んでいたのです。ところが実際は、本当の意味での信頼関係はできていませんでした。マネジメントが機能していなかったのです。

社員と一緒に楽しく飲むことによって人間関係が育まれるというのは、社長の勝手な幻想にすぎません。社内の人たちと飲む時間があるなら、むしろ外に出て、社外の人たちと飲んで、外のネットワークをつくったほうがいいのです。

3 「社員を幸せにしたい」という上から目線が間違いのもと

「経営の目的は何ですか?」と問われると、「社員の幸せづくりです」と堂々と言ってしまう経営者がいます。言動が伴っていない社長でも「社員のため」と思っているわけです。それがいいことだと思っているのです。

しかし、それがトップリーダーとしての務めでしょうか。それでは本末転倒ではないでしょうか。

私だって、社員の幸せを願い、社員が幸せになれるような会社にしたい、とは思います。しかし、それが経営の目的ではありません。社員を幸せにしたいというのは、単なる社長の願いです。

そもそも、あなたの会社の社員は、あなたに幸せにしてもらわなければ幸せになれないほど無能な人間なのでしょうか。他人に幸せにしてもらおうと思っている人が、幸せになれるでしょうか。**自分を幸せにできるのは、自分だけです**。自分が幸せになるかどうかの責任は、その人自身にあるはずです。

家族ならまだしも、経営者は社員にとって他人。他人が人を幸せにしてあげるというのは、上から目線の恩着せがましい考えにすぎません。

4 「家族経営」から離れる覚悟をもつ

会社の経理を握っているのは、社長の奥さん。これは、中小企業によくあるパターンです。社長の奥さんはたまに会社に顔を出すだけで、普段は自宅にいるというケースが珍しくありません。

かくいうわが社もそうでした。父が社長だった時代は、母が経理を切り盛りしていました。銀行にお金を下ろしに行くのは母か、時には父でした。

〝普通〟の会社なら、経理担当者が銀行に行って現金を出し入れします。銀行融資ですら、財務担当の社員が窓口になっています。ところが小さな会社だと、社長一族しか財務を手がけていないことが多いのです。オーナー社長のほとんどは、個人保証を入れているので、「会社の金は俺の金だ」という感覚があるのです。しかし、それでは家業から脱却することができません。

まずは家族によるお金の管理を手放して、社員に経理を任せられる体制をつくるべきです。私がまだ幹部だった時代、先代に頼んで経理の少なくともフロント業務に関しては社員にやってもらうように変えました。

私の代になって、母には経理から手を引いてもらいました。私の妻も経理には一切タッチをしていません。もちろん銀行との折衝は社長である私が担当しますが、親族しかお金を扱えないという状況を改めました。

とはいえ、他人に経理を任せるのは勇気がいります。経営者によっては、グレーな資産形成をしているがゆえに、経理を他人にオープンにできないという事情があるかもしれません。他人に明かさない部分をもつことが、会社を守ることにつながる。自分たち家族が責任をもって会社を守るからこそ、社員を守れる。そう思っている経営者は多いのです。

第4章

しかし、社長の奥さんが経理を握っている限り、会社は大きくなりません。中小零細の「家業」から脱皮できないのです。経理を家族以外に任せること、これが会社を成長させるための重要なステップだと思います。

そうは言っても、お金の扱いはトラブルのもとです。大手企業ですら横領事件があとを絶ちません。わが社でも、出入のお金が合わなかったり、横領されたり、といったことが過去にはありました。知人の会社の話を聞いても、横領トラブルは少なくありません。何千万単位の横領があったという話を耳にしたこともあります。

大切なのは、お金のトラブルを解決できる仕組みをつくれるかどうかです。親族だけで扱おうとすると、そこには何の仕組みもありません。究極的に人に仕事がついてしまっている状態です。そうではなく、**仕事に人がつくようにしなくてはならない**のです。

仕組みで解決できるということは、家業ではなく、会社として機能しているということに他なりません。ただ、大手企業はジョブローテーションによって不正を防ぐ仕組みをつくれますが、小さな会社はそれができません。中小企業の場合、経理は同じ人が長年担当していることが多く、任せきりになるので、不正をやろうと思えばやりやすいのです。

この問題を解決するには、1年任期で担当を替えるといったルール化が必要だとは思います。わが社も、ゆくゆくはそうしたいと思っています。家族以外の人間に会社の経理を任せることは、創業者と家族にとってインパクトが大きい。お金の管理を家族から引きはがせるかどうかは、二代目社長の手腕にかかっています。

家業から事業への次のステップは、社員や外部から役員を入れることです。多くの中小企業は、代表の妻や兄弟が役員という会社が多いでしょう。そこに、家族以外を入れられるかどうかが、会社として次のステージに上がれるかを左右します。

その布石の1つが若手の登用です。私は若い社員の役職を上げ、経営幹部の人数を増やしました。いずれは、そこから執行役員になる社員が出てくるのを期待しています。

お金の面でも、役員の面でも、家族経営から離れる覚悟が必要なのです。

5 社内のリソースが足りなければ、外注を活用すればいい

家業から事業へと転換するにあたって、壁になるのが人材不足です。先ほどの経理なら、社内に経理に精通している人材がいるとは限りません。社内の人材では専門性が足りないなら、外注を活用し、専門的な知識がなくても経理をまわせるような仕組みにしていけば

第4章

いいのです。

給与計算や社会保険もそうですが、法令の改正まで把握してやろうとすると、レベルの高い仕事になってしまいます。しかし、会計ソフトへの入力や、タイムカードデータの取り込み・集計といったフロント業務は、特別なスキルや専門知識がなくてもできます。

ですから、専門的な業務は外注してしまい、フロント業務は社内の担当者がこなすという仕組みにすればいいのです。わが社の場合、経理ソフトへの入力は担当者に任せて、税制上のことは最終的には会計事務所にチェックをしてもらっています。給与計算は外注していて、その手前の作業はマニュアルをつくって社内でこなしています。

家族経営から離れるという覚悟さえあれば、外注を活用した仕組みづくりはそれほど難しくはないのです。

6 外部にブレーンをつくるメリットは大きい

外へネットワークを広げてきた私は、外部のブレーンづくりにも注力してきました。幹部を外部の研修に出すことがあるのですが、そうした機会に外部ブレーンの人たちが私の言いたいことを代弁してくれます。

人は、身内の言うことは聞かなくても、第三者の言うことには耳を傾けます。第三者が私のことを評価してくれると、それを聞いた社員は「うちの社長って、外部から評価されているんだ。信頼できる社長なんだ」と受け取らざるをえなくなるわけです。逆に、外部の人が「あの幹部はここがいいですね」と私に言ってくれることもあります。私が気づかなかった幹部の良さを知ることができるのです。

わが社には有望な若手がいるのですが、会社が小規模なので兄貴分的な年齢の先輩がおらず、ロールモデルとなる人材がいません。そうした若手に外部ブレーンが「何かあったら相談してね」と声をかけて、ロールモデル的な存在になってくれています。

会社をリソースとして見始めたからこそ、外部に目を向けて、外部ブレーンとの関係を築くことができました。外部の人とつながるとなると、私自身につき合うメリットや魅力が必要です。そのためには、やはり自分自身を常に磨いておかなければいけません。

ところが社内にとどまっていると、社長という役職のパワーのおかげなのに、自分はデキると勘違いしたり、自分は人を魅了できると思い込んでしまったりするわけです。

社長になると、自分を磨かないでもまわりから「社長、社長」ともち上げてもらえますが、それでいい気になっているようでは経営者失格です。人としてのレベルも上がりません。外に出ていけば人として磨かれてきます。人としての魅力が高まれば、つながれる人のレベルもまた上がっていきます。

自分自身が成長することによって、外部ブレーンをつくることが自分自身の学びにつながるだけでなく、社員にもいい影響を与えていきます。

7 受け継ぐ魅力を家族以外が感じない会社に未来はない

父が亡くなって1つ気づいたことは、**父には私がいたということの意味です。**

今、中小企業は後継者不足が深刻です。帝国データバンクの「全国・後継者不在企業動向調査（2019年）」によると、後継者不在率は65・2％にも上るそうです。今後、廃業や売却といった選択肢を選ばざるをえない経営者が激増するとみられています。

その点、銀行から見ると、後継者がいる会社の評価は高くなります。先代の時、私という後継者がいたということは、外部から見た時の安心材料にはなっていたはずです。

私は年齢が40代なので、事業承継をどうするのか、という目でわが社を見ることがまだできません。もちろん、もし私に何かあった時の後継者もまだ決まっていません。

先代が亡くなった時、私は「自分に、もしも何かあった時には、次がいない。幹部たちが何とかしなければいけなくなるから、その時のために準備しておかなければ」と思いました。しかし、幹部メンバーにとって、後継者問題は自分とは関係ない話だったことでしょう。

当時私は、家族経営から脱却して、次代を担うくらいの人材が育ってきつつあると勝手に思い込んでいました。ところが、期待していた幹部には裏切られ、挙句の果てには辞められて、というグズグズな状態になって初めて気づいたのです。わが社の後継者となることのメリットを出していかなければならないことに。

第1章で触れたサーチファンドも、わが社にとって物差し的な存在です。社内の幹部に限らず、社外のサーチャーが「この会社を継ぎたい」と思えるような会社にしていく。この視点が不可欠です。そのためには利益率や会社の規模を伸ばさないといけません。

サーチャーに選ばれる会社。それを1つの目標としてやっていくことが必要です。

8 「仲良し会社」より、「自分の意見を言える会社」が伸びる

人は立場によって、ものの見方や意見が異なります。ですから、社員と経営者の考えが違うのは当たり前です。意見の違いというのは、どちらが正しいか、正しくないかではありません。大切なのは、お互いに考えていることを言えるかどうかです。

先述のように、私は幹部とのサシ飲みの時、お互いに自己開示しています。それによって、「この方針でやっているんだけど」という私の話に対して、幹部が「こっちのほうがいいと思う」と言えるような雰囲気をつくることができます。

私は社長ですから、経営者の視点で物事を考えます。しかし、**できるだけ社員の視点も理解するようにしています**。例えば、会社を変化させていくことは、私の目線で見たら、絶対にやったほうがいいですし、変化する以外に考えられません。しかし、社員は不安や恐怖があるため、変化を嫌がります。社員は今のままの仕事をこなしたいと思っているのです。

私は、変わりたくないという社員の気持ちを踏まえたうえで、変わるべきだと話すよう

こっちのほうが
いいと
思いますよ
この方針で
やっている
んだけど

自己開示によって深まる相互理解

にしています。一方で、社員には経営者の考え方がわからない、なぜ経営者がその指示を出すのかわからないということもあるでしょう。

ですから、私が社員の視点を踏まえるだけでなく、社員にも社長のものの見方を伝えるようにしています。社長がどんなことを考えているか、社員に理解してもらうためです。

最終的な決断を下すのは経営者ですが、自分が気づかないアイデアが社員から上がってきて、それがヒントになることもあります。

社長と社員が仲良しである必要はありません。そうなると、むしろ馴れ合いになって経営のプラスにはなりません。いかに社員の意見を引き出して、主体性を引き出すか。**社員が主人公になれば、会社は伸びていくのです。**

よく、本音を語ることが大切だといわれます。しかし、本当にそうでしょうか。例えば、相手に「あんたのこと嫌いだったんだよね」と本音を言ったところで、何の意味もありません。本音を語っても何も生まれません。

大切なのは、本音ではなく、自分の考えや見方を言えることです。

9 結果に対する責任を手放す

社員が言いたいことを言えないのは、結果に対する責任を求められるからです。

意見を言うからには、この事業を成功させなければいけない。売上を伸ばさなければいけない。こうした結果にとらわれすぎると、社員は言いたいことを言いづらくなりますし、社長も社員に任せづらくなります。とらわれすぎた社長は、相手の意見を聞く前に「こうしたほうがいい」「ああしろ、こうしろ」と自分の考えを押しつけてしまいかねません。

そんな時は「あり方」で考えるべきです。「社長のあり方」を社員一人ひとりが主人公として自分を発揮できる世界をつくることだと考えるならば、結果を求める前に**「どう部下に接するべきか」ということにも自然とこだわれます。**そうすれば、もっと相手目線に立つこともできるでしょう。

そこは自分との闘いです。失敗を恐れずにチャレンジしろ、とはよく聞くフレーズです。そう言っておきながら、部下の失敗を叱責する上司が少なくありません。

最終的には経営者が責任を取るにしても、失敗することを前提に仕事を手渡すくらいの覚悟が必要です。結果がどうなるかは、もちろんこちらも怖いですが、自分でやらせてみないと気づかないことが多いものです。

社員も社長も、いかに結果に対する責任を手放すか。もちろん社長としては数字や業績には徹底的にこだわるべきです。業績を上げていくのは社長の仕事であり、それは社長を評価する物差しでもあるからです。

会社としての業績にはこだわりますが、社員に対しては社長として、自分自身がありたい姿、あり方にこだわって接するのです。

私があり方を考えて「こういうことだよね」「だからこういうふうにする必要があるよね」と散々アドバイスしても、社員が全然やらないことがあります。ところが何かのきっかけがあると自分で気づきます。

そうすると、私が散々言っていたことを、あたかも自分の新発見のように「やはりこういう時は、こうしないといけないんですよね」と報告してきます。私が言ったことなど覚えていないわけですが、それでいいのです。結局、人は自分で気づいたことしかやりませんし、最後は自分で気づくしかないのです。

10 社長は会社にいないほうがいい

社員の結果を手放すのはなかなか難しいものです。ミーティングを横で聞いていれば、「ああでもない、こうでもない」と口を出したくなってしまいます。社長は、物理的に会社にいることで手を出しすぎてしまいます。だから会社にいないほうがいいのです。

私自身も、できるだけ会社にいないように心がけています。私が会社にいるのは、月のうち2割くらいでしょうか。会社に一日中いるのは月に1日か2日で、丸1日いないことのほうが多いです。

4週に1回のペースで各事業所をまわり、「環境整備点検」という整理整頓や清潔さをチェックする取り組みを行っています。

といっても、職場全体の整理整頓ではありません。チェック項目や基準を明確にしていて、例えば「床」という項目なら、床に物が落ちてないか、決められた場所だけを見ます。その項目として入っている箇所さえ、できていればいいのです。極論すれば、他の床が汚くてもいいのです。私が定期的に現場に顔を出すのは、この時くらいです。

社員たちのこと、現場のことが気にはなりますが、だからといって自分がすべて出て行くようなやり方をしてしまったら、仕事に忙殺されるばかりか、社員も育ちません。

わが社では、社長が残っているから帰りにくい、という雰囲気は一切ありません。そもそも私は会社にいないですし、いても一番早くにいなくなるからです。

「うちの社長って、あんまり会社にいないよね」と社員たちに言われていると思います。きっと私がいなくて困っていることも時にはあるでしょう。いる時につかまえなきゃ、と思っているはずです。

経営者が会社にいないと、社員は自分たちで何とかしようと思います。それによって社員たちは、力を発揮するようになって何とかなっていくのです。

11 ツールを駆使して社員をフォロー

私が会社にいないといっても、もちろんほったらかしにしているわけではありません。日常的な社員とのやり取りは「チャットワーク」というアプリを使うのがベースです。「社長、ちょっと今こんなトラブルが」というのが入ってくるので、それに返答します。

今は幹部だけが対象ですが、「ボイスメール」という留守番電話のようなツールも活用しています。10人くらいの幹部から、毎日報告のボイスメールが入ります。

ボイスメールなら、海外にいてもどこにいても聞けます。電話のようにその場で出る必要もないため、都合がいい時に聞けますし、返信をしておくこともできます。

週1回、経営幹部会議も行っています。今期の計画に対する進捗状況と懸念事項を毎週、確認しています。さらに月1回の部門長会議では課長職以上を集めて、前月の数字を確認したり、改善事例を共有したりしています。さらに部長とは月に1回の面談があります。

私はほとんど会社におらず、社員たちに多くを任せていますが、ツールを使ったり、仕組みをつくったりすれば、社内の動きを的確に把握できるのです。

Coffee Break ④

ラグビー日本代表のワンチームが理想形

私は、2019年、日本で開催されたラグビーワールドカップにおける日本代表の姿に、感動せずにはいられませんでした。何に感動したか。一人ひとりが主人公として自分の責任で動く姿に、です。

一人ひとりが判断して、お互いを信じて、ボールをつないでいく。ラグビーは前に進まなければ点を取れないスポーツなのに、パスは後ろにしか出せない。後ろに仲間が来ていることを信じてパスを出す。あの姿に、仲間を信じることのすごみすら感じました。

選手一人ひとりにスポットが当たって、一人ひとりのキャラクターが立っていて、それが前面に出ていました。大会が終わったあとも、選手たちは多くのテレビ番組に引っ張りだことなり、その時も一人ひとりのキャラクターが立っていました。

一方で、その少しあとに開かれた野球の国際大会、WBSCプレミア12はどうだったでしょうか。

日本が優勝した時、最初に前面に出てきたのは、選手ではなく感極まって涙する監督でした。多くのプレッシャーを背負っていたことが容易に想像できますし、それを見て感動した人もいたとは思いますが、私は違和感を覚えずにはいられませんでした。野球というゲームのプレーヤー、つまり主人公は誰なのでしょうか。

プロ野球にしろ、高校野球にしろ、打者は一球一球、ベンチのサインを確認します。監督が選手に一つひとつ指示を出して勝利をつかみ、トップに君臨するというこれまでの野球の評価スタイルは、不確かな時代と言われるこれからの時代にはそぐわないと感じています。

かつての組織なら、トップダウン型のピラミッド構造で良かったでしょう。しかし、これから求められるのは「ティール組織」と言われています。ティール組織とは簡単に言うと、組織がピラミッド構造ではなく、上司が指示しなくてもメンバー一人ひとりがフラットに協力しながら自分たちで意思決定していくというものです。

ラグビー日本代表は、ティール組織を体現していたのではないでしょうか。

ラグビーワールドカップの決勝トーナメント。ベスト8進出を決めた試合のあと、

トップダウン型からティール組織型経営へ

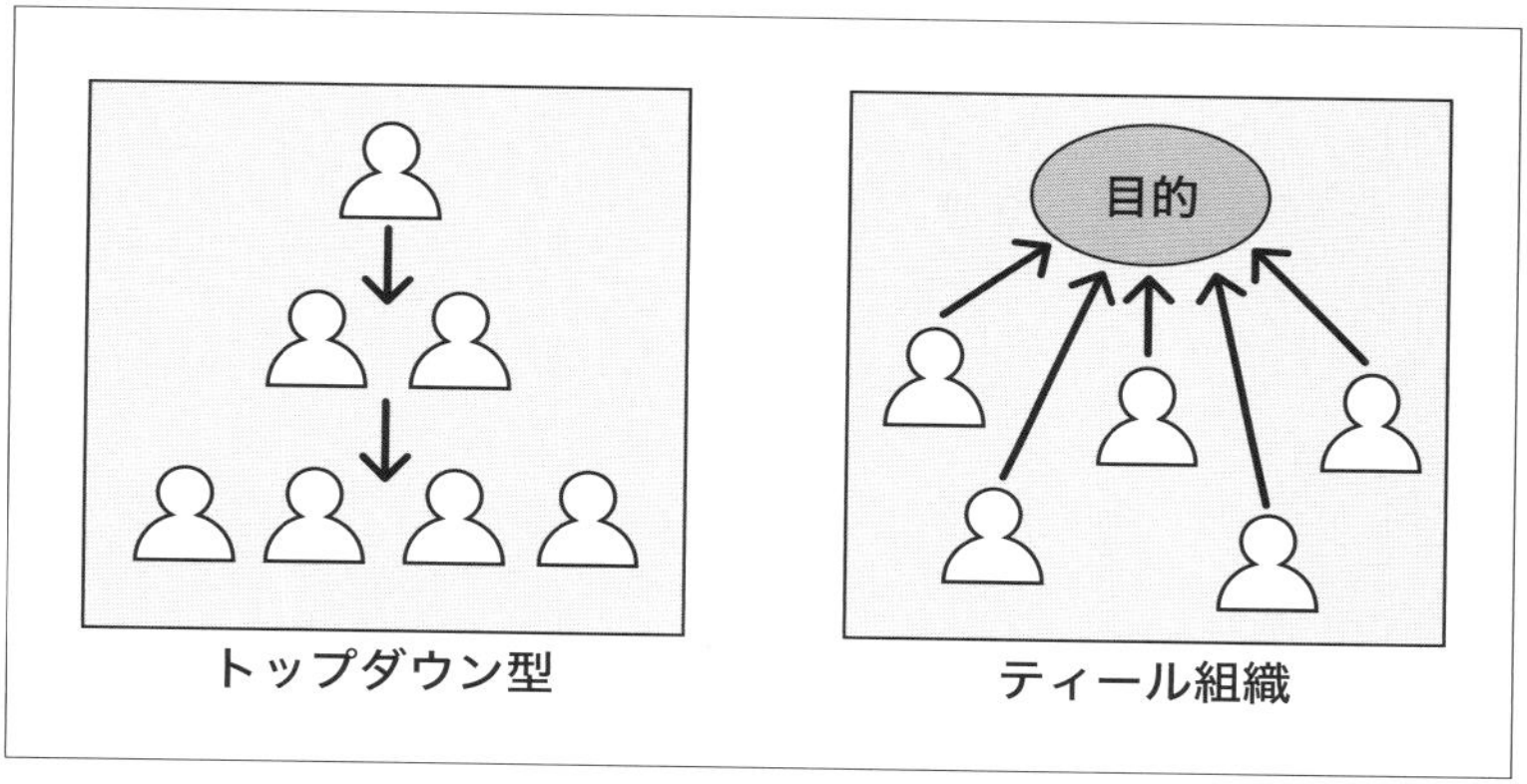

選手やスタッフの多くは、テーマソングを歌いながら、喜び合っていました。ところがその裏で、フォワードやバックスといった各ポジションの選手のリーダーがフィールドに集まり、早くも次の試合に向けてのミーティングを開いていたというのです。つまり、選手たち自身が考えて行動していました。

今回のラグビーチームが示してくれたのは、一人ひとりが個性や力を発揮したワンチームという理想の姿です。一人ひとりがそれぞれの動きをしつつ、全体も調和しているという難しいチームづくりを実現していました。だからあれだけ日本のファンの心を動かしたのです。ラグビー日本代表の快進撃はこれからも語り継がれていくことでしょう。

これからはラグビーのようなチームづくりをしなければいけないというのは、会社も同じことです。監督にすべて指示を仰ぐ野球型から、自立した個人がワンチームになるラグビー型の経営に変えていかなければならないのです。

ラグビー日本代表のヘッドコーチが示唆《しさ》したのは、家族経営における社長のような家父長的厳しさではなく、あくまでも、多様な個人の自立を促す柔軟性だったのではないでしょうか。

第5章

社員を幸せにするのは社長の仕事ではない

——社長という肩書の価値観を壊す

1 社長が会社にいないと業績が上がる理由

私がほとんど会社にいないことは第4章で触れましたが、昔からそうだったわけではありません。かつて私が社内にいると、社員たちから「どうしますか?」「どうすればいいですか?」とよく聞かれたものです。

私の姿が目に入ると、社員はつい相談したくなってしまいます。ところが、私が社内にいなければ、いちいち聞くわけにはいきませんから、自分で考えてやらざるをえないのです。すると、「どうしますか?」が「こうしたい」に変わっていきます。

仕事に対して他人事の関わりではなく、自分の意志をもった主体的な関わりができるようになるのです。**社長が会社を不在にすると、社員たちが主体性をもつようになります。その結果、業績が伸びるのです。**

わが社が導入している、自分と相手の思考と行動の特性を「見える化」するエマジェネティックス®(EG)のプロファイル(第2章9参照)でいうと、私は自己表現をするし、自己主張もしますが、人に言われるとすぐに考えを変える柔軟性があるという特性ももっています。「こういうふうにやったらいいな」と思うと、それをすぐに口に出してしまい、いいと思ったらすぐ変えてしまうのです。

スピード感があるのはプラスの面もありますが、社員からすればいい迷惑です。私がやることをコロコロ変えると、現場は混乱してしまいます。ですから、私が示すのは方向性だけにして、その中身は社員たちに詰めてもらうというスタイルのほうが現場もやりやすくなるわけです。

私が明確に提示するのは「こういう方向でいく」「今やっているのはこういうオーダーですよ」といった**具体的なゴールとしての数値目標と、それを達成するうえでの条件です。**それに向かってどうやるかは、社員に決めてもらうようにしています。

現場に任せるといっても、最初からすべてうまくいったわけではありません。むしろうまくいかないことのほうが多いものです。

しかし、うまくいかせるために私が一生懸命考えてしまうと、結局は私の仕事になってしまいますし、最後には社長や上司が何とかしてくれるだろうと社員は依存してしまいます。そうではなくて、社員が自分で考えるように仕向けていくわけです。

会社にいない選択をする。これは、社内の仕事を手放すということです。

会社にいないことが先か、社員に任せることが先か。いずれもありますが、私は会社にいないようにすることを選びました。社長が、会社の外にいる時間を使って、営業や外部の人脈づくりに目を向けたり、社内ではやれないような専門的なことを学んだりといったことに注力したほうが、結果として会社は伸びます。

2 社長が社内のことをやりたがるのは、楽だから

はっきり言って、社長は社外で活動するよりも、社内のことをやるほうが楽です。というのも、社内では自分が最高権力者だからです。社員たちは裏では愚痴をこぼしているかもしれませんが、社長がやることや社長のやり方に表立って文句を言う社員はいません。

社内のことなら、社長自身がやろうと思えば自分で実行できてしまうことばかりです。もちろん社長が先頭に立って改革しなければならないこともあります。しかし、社内のことをやっているのが社長にとっては一番楽なのです。

しかしそれよりも社長は、会社が次のステージに上がっていくための人脈づくりや情報収集をやらなければいけません。ところが社内にいると、自分で仕事をつくることができ

てしまいます。それをこなすと仕事をしている気になってしまいます。すると、外に出ていくことを怠ってしまうのです。

外の世界は常に変化しています。**会社とは違う方向に外の世界が動き始めていても、社内にいてはそれに気づけない危険性もあります。**外に出始めると、外のことで忙しくなって、社内にいられなくなります。

自分が気の済むまでやることで、うまくいっている社内の業務があるかもしれません。しかし、改めて考えてみてください。社長自身がそこまで完璧にやらなければいけないのでしょうか。そこまでやらなくてもいいものがあるはずです。自分が100パーセント関わらなければならないことと、社員に任せていいこと。この線引きをするのです。

私の場合、例えば採用なら、パートさんと正社員の採用で線引きをしています。以前はパートさんの採用面接も最終的には私が行っていました。しかし、パートさんの採用にそこまでこだわる必要があるのでしょうか。パートさんを採用する部署のみんながいいと言うなら、それでいいということにしました。それで、私はパートさんの採用にタッチしなくなったのです。

一方で、正社員の場合、リスクになるような人材を採用してしまうと、あとあと苦労します。ですから、正社員の最終面接は私が行うことにしています。

3 見ていないようで見ている社長の観察術

私はほとんど会社にいないとはいえ、社内にいる時は社員をよく観察しています。まず職場に入った時、社員たちのあいさつのトーンや顔の表情、目の合わせ具合といったものに意識を向けます。そこから、わかることがあるからです。

さらに4週に1回の各事業所をまわる環境整備点検の時が、私が事業所を観察する機会です。点検場所に最初に入るのは私と決めています。同行する幹部は私より先に入らないことになっているのです。

なぜなら、私が入ったその瞬間を見るためです。ほとんどの場合、社員たちはつくり笑顔、つくりあいさつをしています。でも、それでいいのです。もしかしたら「社長が来て嫌だな」「面倒だな」という気持ちを抑えてつくり笑いをしているかもしれません。しかし、それでも、笑顔になろうとしているわけです。

つくり笑いができていることが正しいのです。ところが、何か不満があったり、うまくいっていなかったりすると、つくり笑いがなく、「チッ」という表情になります。「偉そうに来やがって……」という感情が伝わってきます。

環境整備の内容も、取りつくろったものでかまいません。一夜漬けでいいのです。みんなで必死になって前の日にやることが大事なのです。「会社としては、こういう方針で、この項目について点検します」と明確に伝えています。**社員たちが「それができてないとヤバい、やらなきゃ」と思ってやっていることが正しいのです。**

何をすればいいのかは、ほぼ年間単位で決まっています。年の途中で、ある程度クリアできた項目があれば変えることもありますが、基本的には年間を通して同じ場所を同じ内容で整備します。

それでも、何かしら問題がある職場、上司と部下がうまくいっていない職場、コミュニケーションが乱れている職場は、点数の低さに表れるのです。これは取りつくろえません。4週に1回しかなくても、職場の問題が浮き出てくるのです。

加えて、そこではレビュー発表をやってもらっています。各職場では、整理整頓や清潔さについての月間計画を立てて、取り組んでもらいます。各職場では月末から月初にかけてレビュー会議を開いて報告書をまとめます。私の環境整備点検は15日から25日なので、

第5章

その時にレビュー会議の報告書を使って発表してもらうという流れです。

レビュー会議では、やってみた結果、当初の目的を達成できたのか、できなかったのか、できたとしたら何が良かったのか、できなかったとしたら何が悪かったのかという観点からみんなに意見を出してもらいます。

このレビュー会議には、7〜8割方が参加している部署もあれば、一部の人間だけが関わっている部署もあります。これがはっきり環境整備の結果に出るのです。**パートさんも含めてより多くの人が参加して、「ああでもないこうでもない」とやっている部署のほうが、結果的に環境もすごく整ってきます。**仕事がやりやすくなっていったり、改善が進んで業績も良くなっていったりします。

環境整備の時には、こうした職場の雰囲気もチェックができるのです。

私は、外に出てばかりいるようで、実はけっこう見ています。社長は見ていないようで、見ているのです。

4 目だけでなく、耳も使って社員観察

私が活用しているボイスメール（第4章11参照）には毎日10人くらいからメッセージが入っているので、かつては早送りで聞いていました。1・5倍速で聞いても十分聞き取れて、時間が短縮できるからです。

しかし、今は早送りせず等倍速で聞いています。早送りすると、話し手の心情や声のトーンが伝わってこないことに気づいたからです。**話の内容よりもむしろ、ニュアンスをつかむほうが大事なのです**。不思議なもので、1・5倍速で聞くと、どの声もみな元気な声に聞こえてきます。ところが等倍速で聞くと、実はそうではないことがあるのです。

報告のトーンで何となくわかることがあります。他から入ってきている情報と、本人が報告する情報に、ニュアンスの違いがあったり、もっと喜んでもいいはずなのにそんなに元気がなかったり。そうなると「ん？」と心に引っかかるわけです。

その裏に潜んでいる可能性が高いのは、何らかの不満や問題点です。私は目だけでなく、耳も使って社員の変化を察知するようにしています。

5 社員には自分が主人公であることを意識してもらう

誰でも、人生の主人公はその人自身です。人生における仕事とは、大半の時間を費やす大事なものです。仕事は人生のすべてではありませんが、自分の人生をつくる大切な要素の一つです。だからこそ、**仕事でも自分自身が主人公であるという認識をもてるかどうかによって、パフォーマンスに大きな差を生み出します。**

自分が主人公だという意識をもてない人はどうなるでしょうか。仕事や会社から一歩引いて、評論家のような視点で話をしてしまいます。そんな社員がどの会社にも1人や2人はいるはずです。

これとは対照的に、自分が主人公のドラマが動いている、ととらえたらどうなるでしょうか。自分で何とかしていくためにはどうすればいいかを必死に考えます。

ですから私は、社員に主体性をもった主人公であることを求めます。自分が主人公であることが、本来の自由なのです。誰かに言われてやらされていると思うのも、やらされているることにしてしまったりするのも自分自身。自分を縛って、自分を不自由にしているのは自分自身なのです。

経営者とすれば、「当事者意識をもってほしい」「責任感をもってほしい」「自走できる人材になってほしい」と思うことでしょう。しかし、それを社員にいくら訴えても、本人が主人公であると意識しなければ、何も変わりません。

社長が仕事を手放して、思い切って社員に任せることによって、一人ひとりが主人公にならざるをえない状況をつくってしまうしかないのです。

6 いかに昔より良くなっているかを伝える

わが社では「オリエンテーション」というものを2カ月に1回くらいのペースで年6回実施しています。これは、会社の歴史や私のビジョンを伝える場です。

・創業者がどんな人で、どんな思いをもっていたのか。
・先代がどんな人で、どんなことをやっていたのか。

こうしたことを話します。過去を踏まえて、私が何を目指そうとしているかを伝えます。

社員は毎回出席する必要はありません。年1回、どれかの回に必ず出てもらうようにして

オリエンテーションの狙い

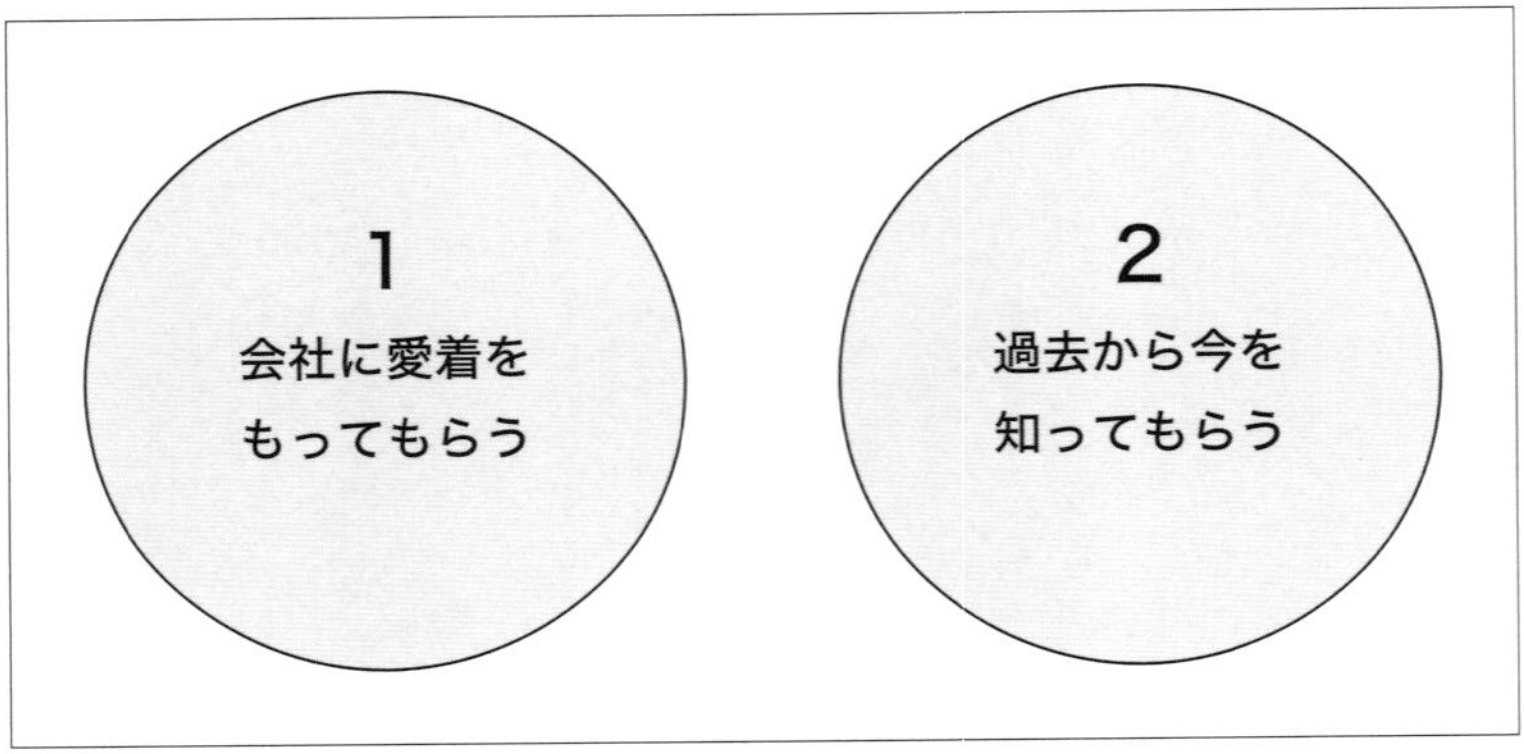

います。

オリエンテーションの狙いは大きく分けて2つあります。1つは会社に対する愛着心や思い入れ（エンゲージメント）を育んでいくこと。もう1つは、**今があるのは過去があるから、ということを知ってもらうことです。**

わが社は元々、本当に小さな会社でした。20年前に働いていた人たちから見れば、今のわが社は恵まれています。しかし、今の社員たちにはそれがわかりません。父が経営していたころは、日給月給制の時代がありました。社員として雇うけれど、雨が降った日は休みで無給というような時代です。今月は雨が10日間降ったから、給料は15日分ね、ということがあったのです。そうした状況を改革してきたわけです。

例えば、有給休暇が取れることが、中小企業ではどれだけ当たり前ではなかったか。かつては「有休なんか与えたら、会社がつぶれちまう」と言い放つ中小企業の社長が珍しくありませんでした。どれだけいい方向に向かってきたのかを知ってもらうために、オリエンテーションを開いているのです。必ず幹部にも話をしてもらいます。長くいる幹部は「昔はこうだった」「それに対して今はこうだ」と話してくれます。

どこまで私の意図や思いが伝わっているかはわかりません。しかし、休みにしろ待遇にしろ、少しずつ改善してきたからこそ、今があることを伝えれば、社員たちが会社を見る目が少しずつ変わっていきます。

7 このままでは日本の中小企業は滅びてしまう

日本在住30年で、元ゴールドマン・サックス金融調査室長のデービッド・アトキンソン氏の著書『日本人の勝算』（東洋経済新報社、２０１９年）によると、世界的に日本の生産性が低いのは、中小企業の経営者に原因があるというのです。労働者ではありません。

同書によれば、中小企業の経営者の教育が必要だと訴えていますが、日本の経営者のランキングは63カ国中、分析能力が59位、経営教育を受けたことがある割合が53位、機敏性と海外経験は実に最下位の63位だというのです。

日本は、大手企業より中小企業のほうが、圧倒的に数が多い国です。ずっと、中小企業が日本を支えてきたと言われてきました。

ところが同書では、たまたま高度成長期で経済が発展してきたから、小規模な企業でも生き残ることができただけではないか、という疑問を提示しています。また、もしそうだとしたら、このままでは中小企業の未来はない。生産性を上げるためには、大きな会社になってスケールメリットを発揮しなければならないと書いてあるのです。

私たち中小企業は滅びゆく存在であるということを突きつけられているわけです。このことを素直に受け止められるかどうか。私が素直に受け取れるのは、世界を見て、時代が変わっていくことを肌で感じてきたからです。

私はかつて、米国ラスベガスで開かれる家電見本市ＣＥＳに足を運んで、テクノロジーの変化、世の中の変化を目の当たりにしてきました。ＣＥＳでは、中国や韓国のベンチャー企業の熱量の大きさに圧倒されます。そうした現状を知った時、「じゃあどうしよう……」とあわてても仕方がないのです。世界が変わっているのだとすれば、その流れに乗るために、経営者としてどうすればいいかを考えていくしかありません。

わが社が続けてきた廃棄物の収集・運搬は、取り残されそうな業界の最たるものです。わが社がそうだったように、父ちゃん、母ちゃん、兄ちゃんでやっている、言わば三ちゃん企業のような会社が、かつてはたくさんありました。それで成り立ってきた業界です。

しかし、近年は淘汰されてきました。世界を見れば、これから先も統廃合が進むという覚悟ができるわけです。

今までは「わが社はどうする？」という視点でした。しかし、外に出て色々な人や企業とつながることによって、「あの会社とうちでどんなことができるのか？」「あの会社のあの部門との統合がありえるな」「提携もあるな」といった、自社という枠組みを超えた視点をもてるようにもなりました。

私自身、かつては海外なんて他人事だと思っていました。行って何の意味があるのだろうと思っていました。しかし、実際に行ってみて、行くのと行かないのとではまるで違うことがわかったのです。

8 「そんなの中小企業ではムリ」という誤解

年6回のオリエンテーションの時、社員からも質問を募り、それに私が答えています。この時、色々と不満のような質問が飛んできます。これが意外と多いのです。

かつては事前に質問を取っておいて、私が一つひとつ答えていました。最近はその場のグループディスカッションで質問を絞ってもらい、優先順位の高いものから私が答えていくというやり方に変えました。

例えば「もっと休みがほしい」という意見です。保育事業を始めたところ、2019年に保育士さんから休みが少ないという指摘を受けました。私は、休みを増やすのはさすがに無理だと思っていました。

しかし、言われてみれば、わが社は完全週休2日制ではありませんでしたので、休みが少なかったのです。行政から業務を受託しているため、土曜日も稼働しなければならないことが多く、法令を守りながら稼働日数を確保するためにやり繰りをしていました。

週の法定労働時間（40時間）を守ろうとした場合、土曜日を隔週で出勤にし、1日8時

働き方のビフォー・アフター

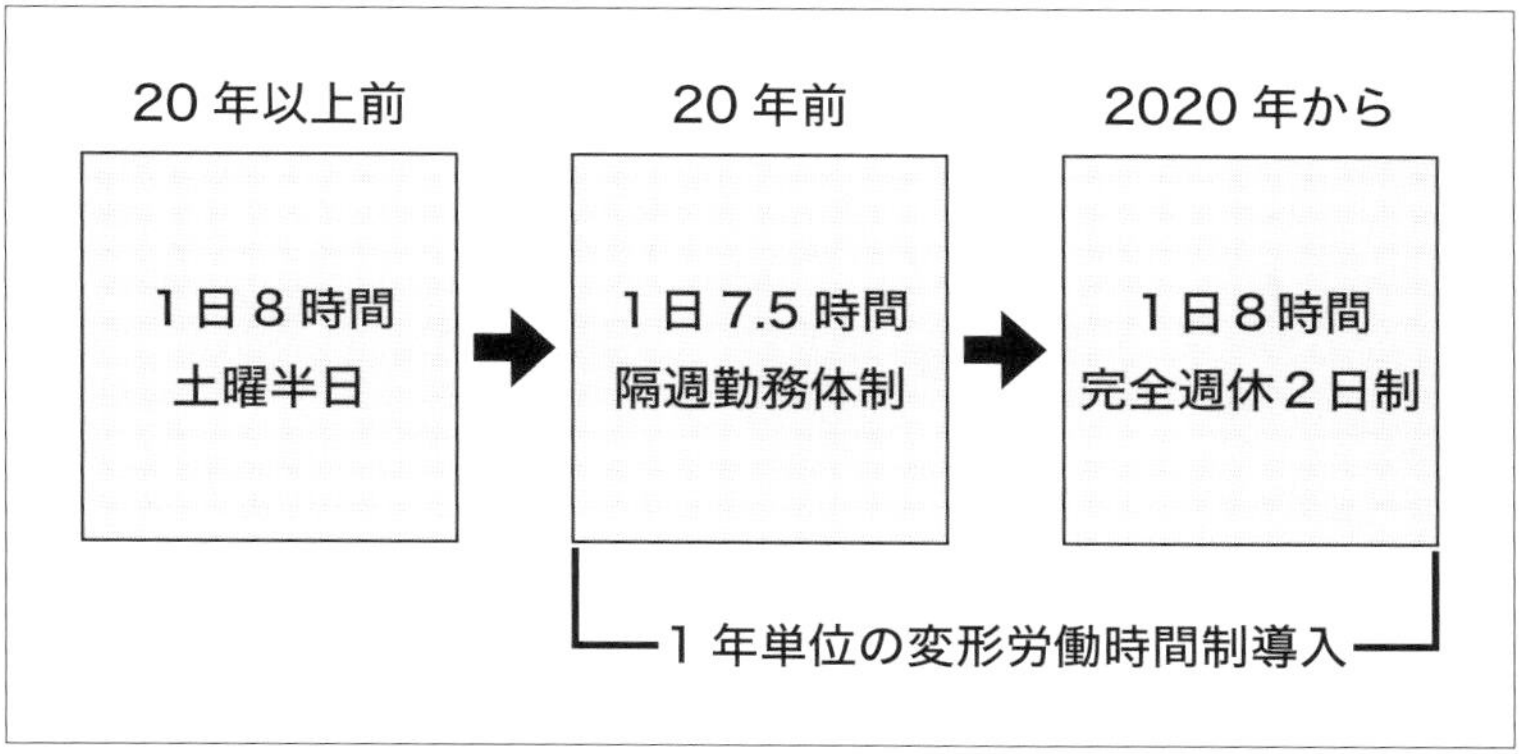

間労働を維持すると、40時間をオーバーしてしまいます。そこで、20年前に、1年単位の変形労働時間制を導入し、月～金曜日を30分短縮した1日7・5時間労働にしました。そうすれば、土曜日を半日出勤にしても週40時間に収まるからです。

ところが保育士さんから「どうして7・5時間労働なんですか？　8時間じゃダメですか？」と質問されました。私は「土曜日の業務があるため、1日あたりの時間を短くしている」と説明していました。しかし、よくよく考えれば、1日8時間労働と完全週休2日制にできなくもないと思い始めたのです。

最初は「会社の制度批判＝自分に対する批判」のように感じてしまうことがありました。しかし、冷静になって俯瞰してみると、社員の意見に対して「なるほど、そうだよね」と思うこともたくさんあるのです。

それで、２０２０年から休みを増やすことにしました。休日を増やしたうえで、なおかつプラスアルファで休みを出しています。さすがに大企業レベルには達しませんが、今までよりも10日休みを増やしました。

他にも、有給休暇を１００％取れるようにしたり、在宅ワークを導入したりといった取り組みも始めています。

２０１９年には、給与をベースアップしたところ、結果的に人件費が10％上がりました。さすがにこれは経営に悪影響を及ぼすと思いましたが、やってみたら何とかなったのです。

私自身、休みを増やしたり、給料を上げたりできるか半信半疑でした。しかし、やってみればできてしまうものです。こうしたことができるのは、海外を見てきたからです。海外視察に、幹部を連れていくこともあります。海外視察をしなかったら、働き方改革なんて取り組めていなかったでしょう。

オリエンテーションという場があることによって、会社が受け継いできた思いを一方的に伝えるだけでなく、社員の思いも吸い上げられるのです。それで会社は進化します。

社員からの不満や質問は手厳しく、時には落ち込みますし、イライラすることもあります。しかし、だからこそ、社長としての胆力が鍛えられます。

9 あえて「高齢化社会歓迎」を打ち出す

先述の『日本人の勝算』によると、最低賃金を上げることで強制的に所得を上げていかないと、生産性が上がらず、日本の未来はないそうです。

ですから、わが社の２０２１年の来期のテーマは「所得倍増」と「高齢化社会歓迎」です。「高齢化社会歓迎」というと、雇用のとらえ方が変わりませんか。今、国が推進していますが、わが社もそれに乗っかって、高齢化社会歓迎の仕組みをつくれないかを模索しています。

中小企業では、定年がまだ60歳というケースが多くあります。ところが、大企業ではすでに65歳になっていて、さらに70歳、75歳へと延びています。社会保険労務士らは「それを中小企業がやると色々大変ですよ」「助成金は出ますが、デメリットも大きいですよ」と言うわけです。

しかし、日本はもう若い人たちがあふれている時代ではありません。これから先は70歳、

80歳の人を雇っていかなくては、人手が足りずに事業を続けられなくなるのです。

すでに大手の動きは早く、ファーストフードやカフェチェーンでは、高齢者のスタッフが急増しています。それで何か支障があるかといえば、特にないはずです。

ただ、中小企業では実際に高齢者を雇ってみると、難しさを感じる場面も多くあるようです。よくあるのは、大手企業出身の高齢者が、大手の論理で物事を語ってしまうということです。課題はありますが、それでも高齢者が活躍できる仕組みづくりを進めたいと考えています。

10 波にあらがっては、けがをするだけ

2019年末、ホノルルマラソンを走るためにハワイに行った時のこと。ハワイ島にあるブラック・サンド・ビーチという場所を訪れました。溶岩石の砂が広がっていて、その名の通り真っ黒なビーチです。

私が訪れたのは町の人たちが来ている小さなパブリックビーチでした。波がけっこう大きかったのですが、海に入ってみたくなり海の中へ歩いていくと、胸くらいの高さの波が

来ました。これくらいの高さなら大丈夫だろうと思ってそのまま立っていたら、ドーンと波に飲まれてひっくり返され、グルグル回転してしまったのです。溶岩石に背中をこすって、かなりのすり傷ができてしまいました。

私はその時に思いました。まともに波にあらがったら、飲み込まれてけがをするだけ。ところがサーフィンは逆で、あえて大波を待って、それを上手に利用するわけです。

企業経営も似たようなものです。時代の大きな流れ、つまり波にあらがえば、大けがをするということです。

時代の波をとらえれば、サーフィンのようにうまくいく。同じ波でもどうとらえて、どう乗っていくか。どれだけ先の未来を見ているか。これが会社の命運を握っています。

これまで何度か触れてきた働き方改革が好例です。大手企業の経営者は、早くから十分にわかっていたと思いますが、働き方改革を突きつけられた当初、中小企業の経営者は「残業させられないのか？」「会社が成り立たないよ」とこぼしていました。

しかし、実態は違います。国際競争力を上げなければいけないという大前提が働き方改革にはあるのです。これから日本は人口が減り、市場規模が縮小していきます。このままでは2050年になっても、人口減少のスピードが世界でもワーストクラスと見込まれています。

そんな時代を迎えるにあたって、相当な覚悟で生産性を上げていかないと、日本のGDPは上がっていきません。かつてのように安い労働力を長時間使うというやり方は、日本では成り立ちません。短い時間で高い付加価値を生み出す企業をつくらなくてはいけないという方向に国が舵を取ったわけです。中小企業もその流れをとらえないと、将来を見誤ってしまいます。

単に、労働者のワークライフバランスを充実させるためだけが働き方改革の狙いではないのです。

逆にいえば、この変化をとらえて流れに乗ってしまえば、強い会社になっていきます。社会的な評価も高まり、ライバルにも勝てます。ひいては社会のためにもなるのです。

11 社長の役割はマネジメントとリーダーシップ

社長には、社員に対してのマネジメントとリーダーシップの2つが求められます。しかし、この2つは混同されがちです。簡単に言うと、**マネジメントは社員の「行動のコント**

マネジメント、リーダーシップの違い

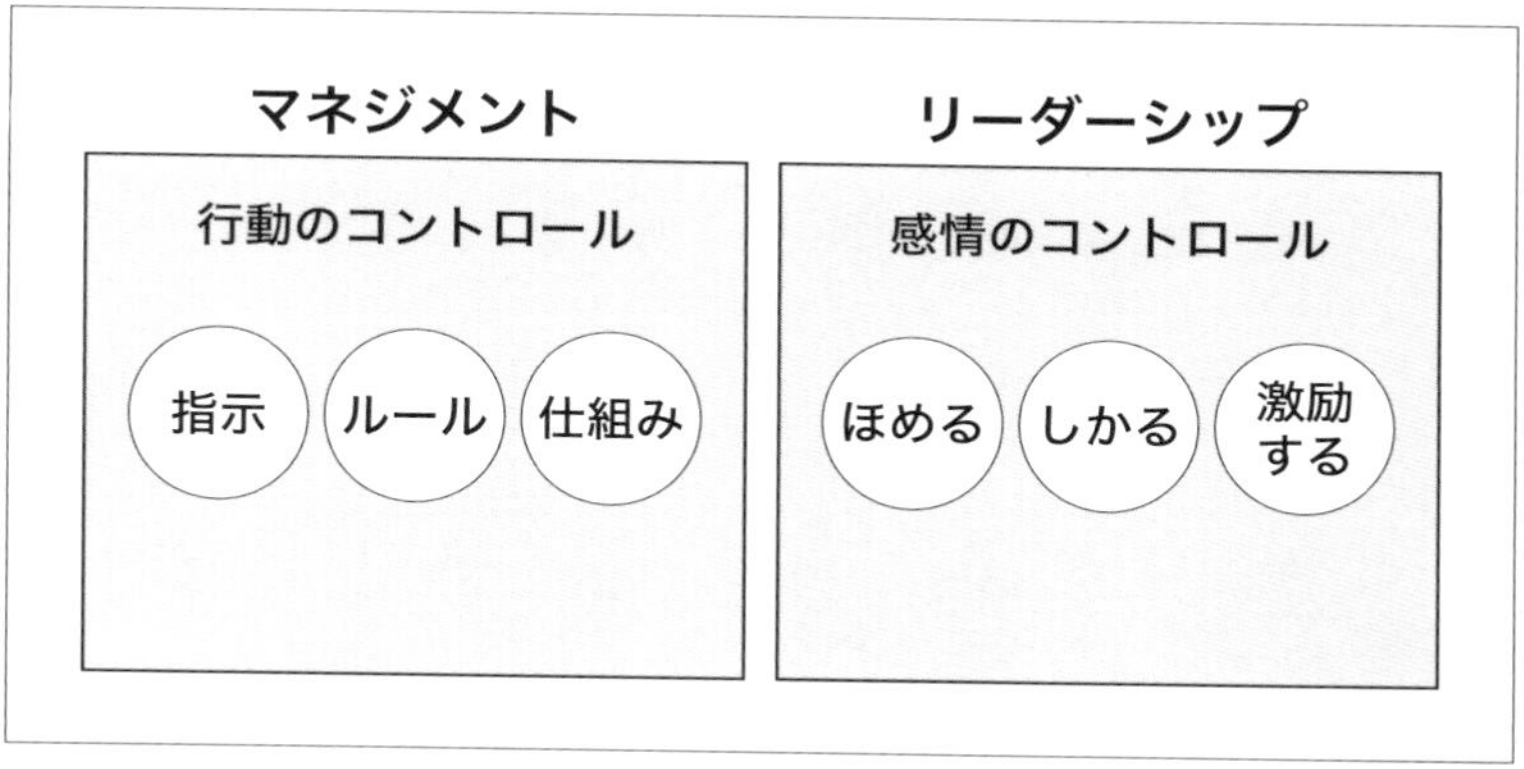

ロール」、片やリーダーシップは社員の「感情のコントロール」だと私はとらえています。

行動のコントロールとは、指示を出したり、ルールをつくったり、仕組みをつくったりすることです。

わが社が取り入れている環境整備はマネジメントの1つで、形から入って心に至るというものです。最初はトップダウンで「これをやれ！」と指示しなければ、環境整備が仕事に生きるというレベルまで絶対に達しません。ですから、経営するにあたって、ある程度は社員の行動をコントロールしなければなりません。

ただ、経営者はマネジメントだけやっていればいいわけではありません。経営者にはリーダーシップも不可欠です。社員をほめたり、しかったり、社員の行動に感動したりすることによって、社員の感情をコントロールできるようにならなければなりません。

ところが、これが難しいのです。社員が成果を上げた時、「まだまだ」「こんなんで調子に乗せちゃいけない」という心理が働くと、素直に感動できないことがあります。

会社が目指す方向に社員が動いてくれるように導くのが目的だとするならば、自分の中で少しくらいギャップがあっても、**演技でもいいから感動すべきです**。まずは形から入るというわけです。

意識的に感動しているうちに、無意識に自然と感動できるようになっていきます。そうなれば、相手の感情もコントロールできるようになっていくのです。

12 すぐに怒鳴る社長は、実はビビっている!?

すぐに怒鳴る社長って、いませんか。私のまわりやおつき合いのある業者にも、すぐに怒鳴る社長がいます。社長はなぜ、怒鳴るのでしょうか。理由は2つあります。

「怖いから」と「何かしら後ろめたさがあるから」です。社長は社員に怒鳴りながらも、「こいつらに辞められたら困る」とおびえているはずです。

社員は、最初は怒鳴られて怖いと思いますが、そのうち怒鳴られ慣れてきます。さらには「怒鳴っている社長はビビっている」と無意識のうちに察知するのです。ですから、怒鳴る社長の言うことを社員は絶対に聞きません。

その場では表向きには「申し訳ありません」「わかりました」と頭を下げておきながら、裏では社員同士で社長のことを「怒りキャラ」呼ばわりしてバカにしていることでしょう。怒鳴ったところで相手の感情は動かせません。相手の感情をコントロールするリーダーシップを発揮するには、怒鳴るのは無意味です。

社長が社員に対し、少しでも、媚びていたり後ろめたさや弱さがあったりすると、社員たちはその無意識な部分をキャッチします。社長がおたおたしていると察知します。

そうならないために大切なのは、**守らなければいけないものを手放す覚悟です**。社員が辞めたら辞めたでどうにかなるさ、と腹をくくれるかどうかです。

やはり胆力なしに、リーダーシップは発揮できません。

13 最初から社員に人間的な成長を求めてはいけない

経営者は、どうしても社員に人間的な成長を求めてしまいがちです。そのため、つい、人間的な成長を踏まえた教育制度をつくろうとしてしまいます。熱心に人間教育までしたのに辞められてしまうと、落ち込んだり怒ったりするわけです。

しかし、本当に社員を人間的に成長させるのが経営者の仕事でしょうか。仕事を通して人間的に成長するかどうかは、本人の意思次第です。もし、社員の人間的な成長を目的とするならば、お金をもらって教育しないといけません。それは学校がやることです。会社は、あくまでも**ビジネスの成果を出すための組織であって、人を成長させるための学校ではありません。**

何によって世の中に貢献するのか。会社によって理念やミッションがあります。そこに向かっていくために、社員がどういう力をつけていけば結果を出せるのかというところにフォーカスすべきです。

仕事を通して人間的にも成長できることにどうやって気づいてもらうか、経営者として

保有能力、発揮能力の違い・特徴

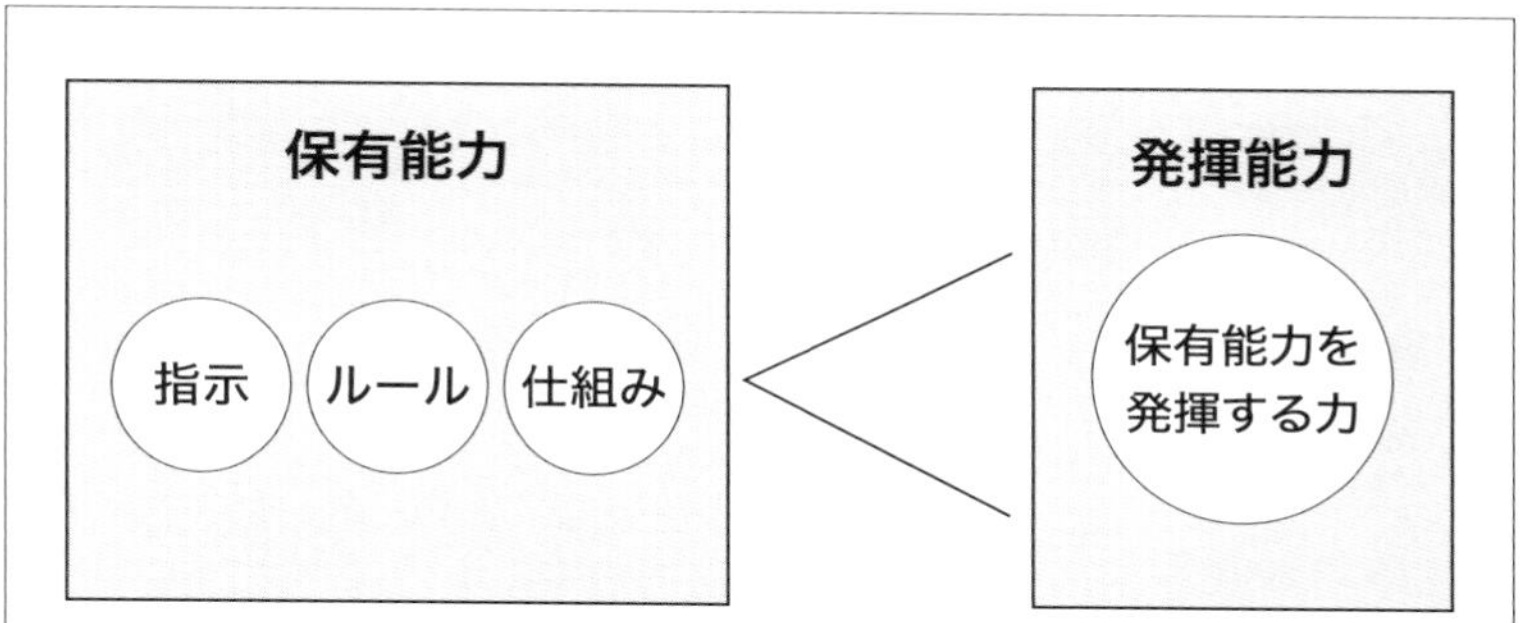

いくら保有能力があっても発揮できなければ意味がない。

工夫は必要かもしれません。しかし、人間的な成長が社員教育の目的ではありません。その仕事を通して人間的に成長していくかどうかは個人の責任です。会社や経営者の責任ではありません。

仕事に必要な能力は、大きく2つに分けられます。「保有能力」と「発揮能力」です。保有能力とは、その人がもっている知識や技術、経験から身についた判断力や企画力といったものです。発揮能力とは、自分の保有能力を最大限に発揮させるための能力です。

企業として市場で勝ち抜いていくために、社員にどういう発揮能力をつけてもらうか。社員研修も発揮能力を伸ばすものでないと行う意味はありません。どんなに保有能力を伸ばしても、それを仕事で発揮できなければ意味がないからです。会

社の役目はあくまでも発揮能力を伸ばすことであって、社員の人間的成長を手助けするものではありません。

社員の立場で考えてみてください。社長から「わが社に入って、人間的に成長しただろ？」などと言われたら、イラッとしませんか？　口に出すかどうかは別にして、「大きなお世話だよ！」と思うことでしょう。

人間的な成長は、経営者が押しつけるものではありません。結果的に人間的にも成長したことを本人も経営者も実感できれば、お互いに素直に喜べるのです。

14 社員教育の前に、自己投資したほうがいい

わが社はかつて無借金経営でした。ところが私が承継したころは業績不振に陥っていて、経営を安定させるため、まとまった運転資金が必要でした。

その資金を確保しようと、商工組合中央金庫（商工中金）に融資を頼みに行きましたが、断られてしまいました。政府系金融機関に断られるのは予想外の出来事で、これはかなりまずいと思いました。

資金繰りについて会計事務所に相談に行きました。わが社の顧問会計士は『借りたら返すな！』（ダイヤモンド社、２０１７年）の著者である大久保圭太さんです。そこで偶然コンサルティング会社の人と同席しました。雑談の中で、私が社員教育に力を入れたいけれど、反発があるといった話をしたところ、「大澤さん、社員教育の前に、自分に投資したほうがいいですよ」と言われました。自分のブランディングをしたほうがいいと言うのです。

社員から見て、「自分たちのことをちゃんと考えてくれているな」「この人だったら大丈夫だな」というものを何となくでも感じさせるようになれば、そんなに反発されることはないということでした。

重要なのは、**何をやるかではなく、誰がやるか**。その人に信頼感がないと、行う内容がどんなに優れていても、受け入れてもらえません。**社員を教育する前に、自分自身に投資して、自分を教育すべきなのです。**

15 経営は「今」しかない、過去と未来は捨てる

「ある程度、社員が揃ったら、こんなことをやりたいな」「あの会社みたいになりたいな」。

そんなふうに考えることはありませんか。しかし、それができるようになるためには、最初の一歩が肝心です。今できることをやっていった先にしか、思い描く未来はありません。ところが、「こんなこともしてみたい」と、未来のことを考えるばかりで、なかなか一歩を踏み出せないものです。

例えば沖縄に行こうと思えば、今すぐ行けばいい。「沖縄に行きたい」と言っているだけでは行けませんし、突然、沖縄に飛べるわけではありません。休暇を取ったり、航空券やホテルを予約したりといった、今できる準備をして初めて行けるのです。

先述のように、日本は人口が減少して、市場規模も縮小します。日本の未来を考えると、「もうダメだ、おしまいだ」と不安になってしまうかもしれません。確かに、未来をとらえることはすごく大事なこと。それによって会社の方向性が決まっていきます。だとしたら、今、何をすべきかを常に考えて、すぐに行動しなければ何も始まりません。

意外と「今」がないがしろになっているのです。

経営には「今」しかありません。今できることをすぐに始めるしかないのです。

16 「今」のために中期経営計画を立てる

今、動くといっても、何をどうするかがわからなければ動きようがありません。そこで必要となるのが計画です。

わが社では、5年先までの中期経営計画を幹部と一緒に立てています。これからは変化の激しい時代です。この先うちの業界はどうなっていて、そのために今、何を行っていくべきか、定期的に幹部と話をしないといけないと思っています。

未来がわからないからこそ仮説を立てて、計画を立てるわけです。計画を立てなければ、惰性に陥ってしまいます。惰性に陥るということは、思考が停止しているということです。時代や世の中がこれほどのスピードで変わっていくのに、その先どうするかを考えていない人は、今行っていることを振り返ることもしていません。「取りあえず去年こうだったから、今年はこうやればいい」といったように、今まで行ってきたことを繰り返しているだけなのです。

今まで行ってきたことをどう変えるべきなのか、どういう方法で行うべきなのか、今何をするべきかを決めるために5年後の計画を立てるのです。

計画を立てれば、惰性に陥りません。**計画通りになるかどうかを考えることなんて、はっきり言ってまったく意味がありません。**そうそう計画通りに物事は進みません。しかし、計画を立てること自体に意味があるのです。

計画に向かって今すべきことを実行し、1円でも、1ミリでも事業を成長させていく。これが大事なのです。

5年間の中期経営計画を立てたところで、5年間そのままにしておいては、時代に取り残されてしまいかねません。世の中はあっという間に移り変わります。ですから、中期経営計画は毎年書き換えることが正しいのです。

大手企業では、中期経営計画を毎年書き換えることはしないでしょう。社員が多く、部署も多く、規模が大きすぎて、計画を立てるのに時間も手間もかかります。

その点、中小企業にはフットワークの軽さと柔軟性があります。それこそ、社長の鶴の一声でいくらでも変えられます。これこそが、大企業にはない中小企業の強みです。小さな会社の強みを生かさない手はありません。

17 「今」が変わると、過去が変わり、他人も変わる

過去は変えられないと思っていませんか。過去は事実として残っていると思いがちです。しかし、そうではありません。過去は変えられるのです。

私が大学生のころ、父が運転するクルマの助手席に座っていた時、「お前な、お母さんを大事にするんだぞ」と言われました。そのころは家庭内でゴタゴタがあった時期。私は「そんなの自分の仕事だろ。何で俺に押しつけるんだ」と反発心を抱いたものです。

父が亡くなったあと、何かのきっかけでこの時のことを思い出しました。

父は本当の母親を知らずに育ちました。血のつながりのない祖父が引き取って育てていたので、母親と一緒に生活するという経験をしていません。そういう過去をもつ父が、自分と唯一血のつながりがある私に「お母さんを大事にするんだぞ」と言ったことに、改めて考えさせられました。そこには何か含みがあったのではないかと気づいたのです。

同じ言葉でも、大学時代とはまったく違う意味になったのです。

父から聞いた時は、勝手なことを言っているおやじ、という受け止め方でした。しかし、

父が亡くなってから思い返してみると、複雑な生い立ちを乗り越えて、本当に大事なことを伝えてくれた父という存在に変わったのです。

これが、過去が変わったということです。あの時の父の言葉に対する考え方が変わるだけでなく、自分にとっての父という存在のあり方も変わりました。つまり、**今の自分がどうであるかによって、過去は変わるのです**。

面白いもので、今が変わると過去も変わりますし、他人に対する見方も変わるのです。そうすると、私の中でその人の存在が変わります。ですから、過去が変えられないというのは大間違いだと思います。

過去が変わることによって、今の自分も変われるのです。それによって、きっと未来も変わるはずです。

「当時はわからなかったけど、今思えばこういうことだったんだ」ということが、誰しもあると思います。思い込みで自分を苦しめてしまっている人がたくさんいますが、過去は変えられます。過去はあくまでも自分から見た過去でしかないのです。

何か1つとらわれているものがクリアされると、他のものも一気にクリアされて、過去の経験が違う意味のものになっていきます。

Coffee Break ⑤

「ホノルルマラソン」のゴールが1年のスタート

私は2005年に初めて参加して以来、2016年からは毎年、ハワイで開かれる「ホノルルマラソン」に参加しています。2019年に参加した時は4年連続、5回目の出場でした。

私がホノルルマラソンで走ろうと思ったのは、単に達成感を味わいたかったからでした。初めて走った時、ヘロヘロになりながらゴールをして、涙が出ました。以来、12月開催ということもあって、その1年間の総決算として、達成感を味わうとともに、自分の現在地を知るために毎年参加していました。

ところが2019年は、1年のゴールという位置づけだったホノルルマラソンを、1年のスタートに直したのです。私は新年をゴールした時から始めることにしました。1年のスタートとして考えたら、42・195㎞を走り切ってゴールした時にヘロヘロになっているわけにはいきません。

たとえ目標タイムをクリアしたとしても、足を痛めてしまって動けなくなっては新たなスタートを切れる状態ではありません。「よしやるぞ！」という感覚でゴールできるような道のりにしようと考えたのです。

走っている時は、ゴールへ向かうモチベーションが高いですし、エネルギーもあります。ともすると、多少無理してでもペースを上げようという意識が働きます。しかし、その意識についてこられない体があるのです。その体のことをマインドが「大丈夫だな。このぐらいだったらいけるね」と、いかに待ってあげられるか。

走りながら、これは経営そのものだということに気づきました。私と部下ではエネルギーに差があります。社長としてこれをやりたいと思ったとしても、部下がついてこられるとは限りません。それは当たり前のことです。

ホノルルマラソンで、自分の体の調子を見ながら走るペースを考えるのと同じように、経営では部下というリソースの様子を見ながら、結果を出していくしかないのです。

第6章

会社経営では捨ててはいけないものもある

——捨てない選択基準

1
創業者の理念は変えてもいいが、捨ててはいけない

私の父は、祖父の元奥さんの妹とアメリカ人の間にできた子どもです。つまり、祖父と私の父とはまったく血がつながっていません。祖父には、父を引き取る必要も、育てる義理もありませんでした。どんな事情があったかわかりませんが、祖父は血のつながらない父を引き取って育てたのです。そして祖父は、自分がつくった会社を父に託しました。

こじつけかもしれませんが、ふと次のように思うことがあります。

敗戦後の日本を復興した世代である祖父にとって、血がつながっていなくとも、日本とアメリカの血をもつ息子は、これからの日本の希望だったのではないか。

祖父は、この国の希望として、父という命を守っていく覚悟を決めて、日雇労働や靴磨きをやり、泥水をすすりながら育てたのではないか。

祖父は、希望をもって父を育てた。そんな祖父の影響を受けて育った父は、希望をもつことの大切さに気づいていたのだと思います。「希望」が父の大事な価値観になったのです。それで、父は唯一、この世で血のつながっている私の名に希望の「希」という字をつ

けたのだろうと思います。

希望。

希望をもってチャレンジをするということが、脈々とわが社に受け継がれているものだと、つい最近になって気づきました。

私はかつて、父は実の母に育てられずに天涯孤独だったから、希望をもつしかなかったのだと単純に思っていました。しかし、最初に希望を発信したのは創業者である祖父であることに気づいたのです。私は祖父に尊敬の念を抱くと同時に、この思いだけは受け継ぐべきだと思いました。それ以外のものは、時代に合わせて変えればいいのです。

理念にしても何にしても、世の中にとってプラスになることをやっていくための旗印を掲げることが大事になります。昔からの理念が機能しているのならば、それでいいですし、機能していないのなら、変えればいいだけのことです。

私の場合、変えずに受け継ぐのは「希望をもってチャレンジをする」ということです。それは自ら希望をもつことであり、まわりにとっての希望となること。そのうえで、**可能性に挑戦し続けることでもあります。これが、わが社が守り、受け継ぐべき思いだと考えています。**この理念の核となるものは受け継ぐべきです。しかし、言葉は変えてもかまわないと思っています。

父の代には、わが社に明文化された理念はありませんでした。そこで、私が幹部の時、古くからいた幹部と一緒に理念を明文化しました。

捨ててはいけないコアは必ずあります。どうやって発掘できるかが企業にとって大きな意味をもつのです。私の場合、祖父の思いを父から伝えられたわけではなかったので、しばらくコアとなる価値を見出せませんでした。自分で過去をひも解き、想像をめぐらせて掘り起こしました。もしコアがまだ不明確なら、二代目は自ら発掘すればいいのです。

コアを発掘すれば、過去が変わります。

自社の歴史の中に脈々と流れている思いから、自社のコアとなる価値観を発掘していくことも二代目の大切な役割の一つです。

2 給料はお客様からいただいていることを忘れない

先日、娘の誕生日に家族で都内のホテルに泊まって、ビュッフェレストランで食事をしました。この時、こうしたことを楽しめるのは、お客様がいらっしゃるからだと改めて思いました。お客様にお金を払っていただけているから、家族でのイベントも開けるのです。

しかし、これは意外と忘れられてしまいます。

経営者は自分が社員に給料を払っていると思いがちですし、社員は「会社から給料をもらっている」という感覚をもってしまいがちです。たとえ給料が上がっても社員は不満をもちます。それは、会社からもらっているという感覚だからです。「もっとよこせ」と社長に要求するのです。

「給料はお客様に払っていただいている」。このことを社長も社員も忘れてはいけません。

外に目を向けなければ、会社の成長はないのです。

闘う場所は、会社ではない。闘う相手は、会社ではない。社員も経営者も、闘うべき舞台は市場なのです。

3 会社の過去を語れる社員に感謝する

わが社では一時期、多くの社員が辞めていきました。残ってくれた社員は、かつての会社の姿を知っているという意味で貴重な存在です。今の会社の状態は、昨日、今日ではっ

第6章

くれないものです。過去からの積み重ねがあるから、今があるのです。

かつてと比べて今はどう変わったのか。例えば、社内で色々な勉強会を始めるようになって、会社や社員はどう成長したのか。こうしたことを語れる人が、社長以外にいるというのは大きなプラスです。

残ってくれた社員が輝く場所、過去のことを語れる場をつくってあげることが大切です。そうすれば、会社の多角的な魅力が引き出されて、社員の帰属意識が高まります。

4 本業がなくなるかもしれないという危機感を失わない

現業に集中するというのが、中小企業経営のセオリーです。新規事業を行うにしても、今の事業の周辺にとどめるべきで、本業とまったく関係のない事業には、手を出さないほうがいいという考えが主流です。

もちろん、本業に集中するのも大事なことですが、**これからの時代は、社会の仕組み自体が変わって、本業自体が成り立たなくなるかもしれません。本業をゴソッともっていかれてしまう可能性がある時代です。**

最近話題の廃プラスチック（廃プラ）の問題を例に説明します。

海洋プラスチックごみが国際問題になっており、世界的なカフェチェーンがプラスチック製ストローの使用をやめるなど、廃プラ対策は大きな広がりを見せています。

日本はこれまで、廃プラの大半を中国や東南アジアに輸出していました。ところが、こうした国が輸入規制を強化したのです。その結果、日本の廃プラの行き場がなくなってしまいました。そうなると、廃プラを受け入れて輸出するという廃棄物業者のビジネスモデル自体が破綻します。

一方で、新しいビジネスを生み出す企業が現れてきました。大手化学メーカーはプラスチックの大元となる原料（＝バージン原料）を仕入れて、加工して、プラスチック製品を製造して流通させています。今、それを回収して、再度原料として使えるように加工する会社が出てきたのです。大手化学メーカーと直接タイアップして、廃プラをリサイクルするというビジネスモデルです。

その会社は、許認可上の必要性から産業廃棄物の収集運搬業や処分業の免許を取るでしょう。しかし実態は、古くからある廃棄物処理業者ではありません。

このビジネスが主流になったら、既存の廃棄物処理業の市場が根こそぎ奪われていく可能性があるのです。つまり、完全にゲームチェンジが起き、業界の主導権が移ります。

リサイクル費用を考えると、多くの場合、バージン原料を使ったほうが、今のところ安いという現実があります。しかし、近年は行き場を失った廃プラの処分費が高騰していて、1kg20円だったものが50円を超えてきました。いずれは100円になるだろうと言われています。そうなってくると、捨てるよりもリサイクルしたほうがコスト的にもメリットが大きくなります。

いくらごみを減らすといっても、人がごみを出さなくはならないでしょう。しかし、ごみというもののとらえ方が変わる可能性が大きいのです。ごみは捨てるものではなくなるかもしれません。

廃棄物以外でも、最近はテクノロジーの進化に伴って様々なゲームチェンジが起き始めています。例えばUber《ウーバー》やAirbnb《エアビーアンドビー》です。Uberはタクシー業界を大きく変え、Airbnbは世界の宿泊施設の形態を変えました。

既存のものとは大きく異なる新しいビジネスが生まれて、市場をゴッソリもっていくということが起こりうる世の中なのです。

今あるビジネスが5年後に残っているかというと、残っていない可能性があることを視野に入れたほうがいいでしょう。そうなると、**本業という1つの分野だけに特化して経営していくことが、むしろリスクになるのです。**本業がなくなるかもしれないという危機感を常にもつべきだと思います。

5 事業分野は変えても、強みは捨ててはいけない

わが社は廃棄物の運搬やビルメンテナンスなどを柱にしながら、介護や教育、保育などへとフィールドを広げてきました。とはいえ、本業以外の事業がうまくいくかどうかはまだわかりません。人から言わせれば、「まったく関連性がないよね」というような事業展開をしているのですが、逆に言えば、関連性のない分野をもっているからこそ、「こっちがダメでもあっちでがんばればいい。あっちがダメならこっちがある」と思えるのです。

世の中が大きく変わる時、自分たちが関わる業界でゲームチェンジが起きた時、柔軟に対応して生き残っていけるのです。

ただし、もちろん闇雲に何にでも手を出せばいいわけではありません。

そこはコアとなる会社の理念に基づいて、自分の強みを生かせる分野へフィールドを広

第6章

事業展開の変遷

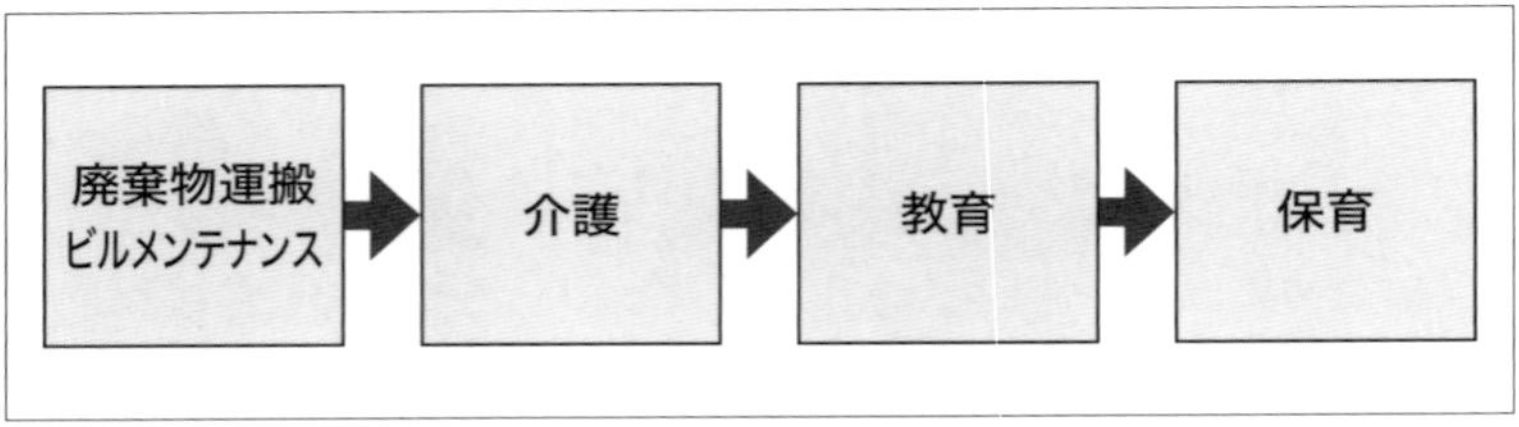

げるという視点が欠かせません。フィールドとは自分が活躍できる場です。社長は、まずは社員一人ひとりが、自分が主役なのだと思える場づくりをしていくことが重要です。

社長がこの発想をもつには、まず自社の強みを見つめ直します。「ある業界にネットワークをもつ」「人を育てるのが得意」など、会社には何らかの強みがきっとあります。**その強みを他の分野で生かすことが、変化に強い会社づくりにつながるのです。**

6 組織には共通の価値観と言語が欠かせない

２０１９年のラグビーワールドカップで快進撃を続けた日本代表は「ワンチーム」という価値観を掲げていました。あのチームは、まるで全員がリーダーのようでした。

私はあのチームを見て、組織内で価値観を共有する必要性を改めて感じさせられました。価値観を共有できる組織は、やはり強いのです。

価値観を共有するために欠かせないのが、共通の言葉です。例えば「考える」という言葉を例に挙げると、「ちゃんと考えろよ！」「考えてやったのか？」というフレーズが思い浮かびませんか？　職場でよく上司が部下に投げかける言葉です。

しかし、一体「考える」って何でしょうか。上司が「よく考えて提案してね」と言うと、部下は「考えました」と返します。するとまた上司が「それ、考えてないでしょ？」と堂々めぐりになるのがオチではないでしょうか。

お互いの会話がかみ合わない最大の原因は「考える」の共通理解がないからだといえます。「考えるって、こういうことだよね」という共通の解釈があれば、お互いのコミュニケーションがスムーズになるはずです。

そこでわが社が取り入れているのが「方眼ノート」です。ベストセラー『頭がいい人はなぜ、方眼ノートを使うのか？』（かんき出版、2014年）の著者である高橋政史さん直伝の方眼ノートメソッドを社内に導入しました。

わが社では「方眼ノートを使って書くということが考えるということ」「考えるとはこの形でノートを取ること」と決めています。そうすれば、上司が「考えて！」と言えば、

方眼ノートによるコミュニケーションの一例

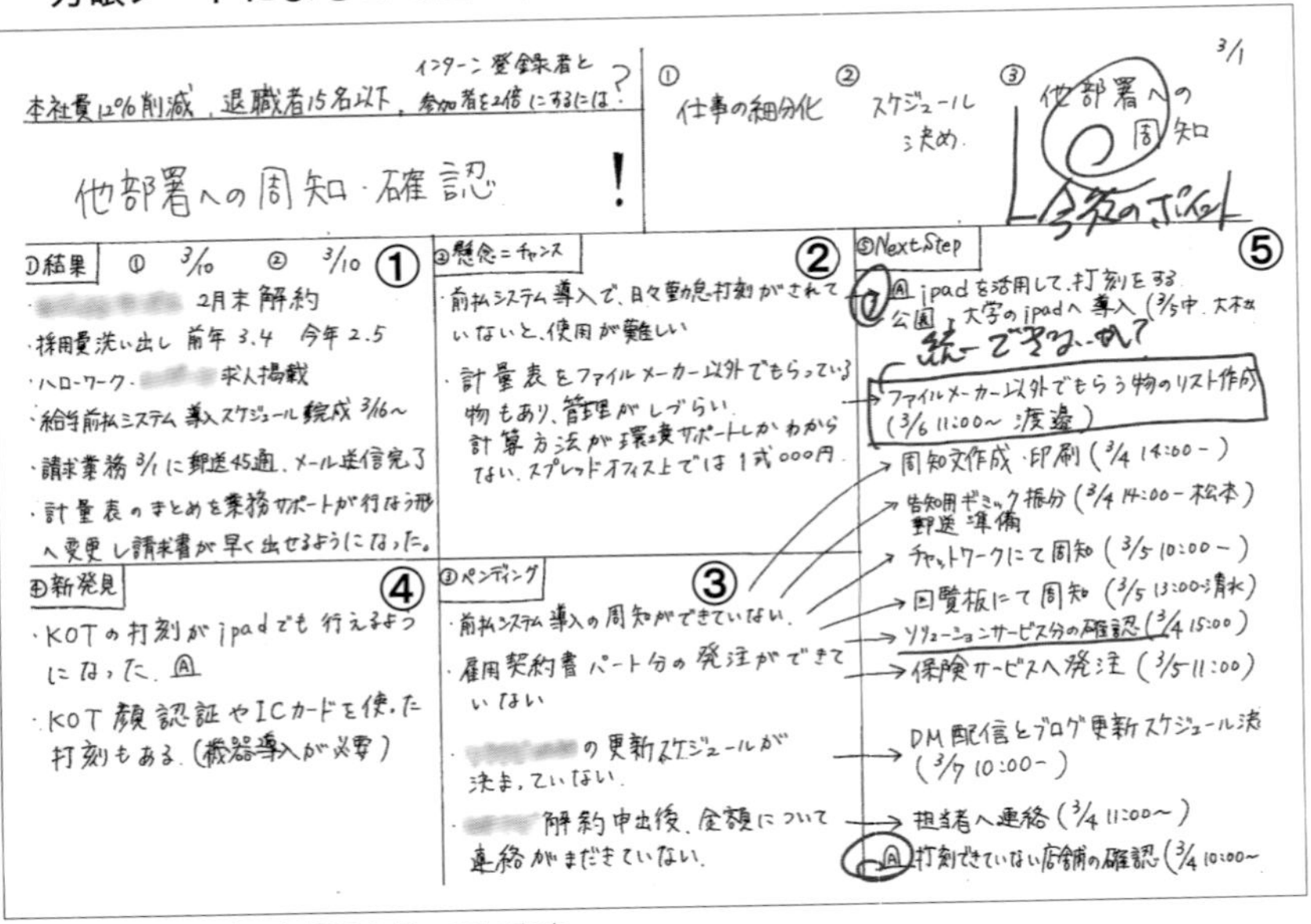

＊一部にモザイク処理を行っています。

部下は方眼ノートを書いて「考えました！」と答えるわけです。そうすることでお互いの齟齬《そご》がなくなります。

方眼ノートには、「事実（上図①）・解釈（上図②〜④）・行動（上図⑤）」のフレームを設けます。本来、考えるとは行動するためのものであるはずです。ところが多くの人は行動まで行き着きません。「考える」の定義が不明確だからです。

今起きている事実を見て、そこから自分なりに「これってこういうことだよな」と解釈して、

「だとするならば、こういう行動が必要だよね」ということを導き出すプロセス。これが「考える」です。考えた結果、行動を起こすことで問題を解決していくわけです。

方眼ノートは、誰でも行動まで到達するようになる仕組みです。方眼ノートを使った手法を共有した結果、「考える」についてのコミュニケーションエラーはなくなりました。

7 相手の特性がわかれば、行き違いを予防できる

わが社では、社員の思考と行動の特性を「見える化」して、それを職場に貼り出したり、ネームプレートにしたりして、社員全員で共有しています。そうすることで、一緒に働いているのがどういう人なのかがわかるわけです。

ある時、幹部を対象に、中国の深圳《しんせん》へ視察研修を実施しようと計画しました。深圳は、キャッシュレス化をはじめとする先端テクノロジーをいち早く導入していて、未来都市と呼ばれるほどの街。最新の都市がどういうものかを幹部たちに体験させたい、と思ったのです。

第2章9でご紹介した、人の特性を「見える化」するシステム「EG」によると、私

「ＥＧ」にみる筆者と幹部社員Ｙさんの特性の比較

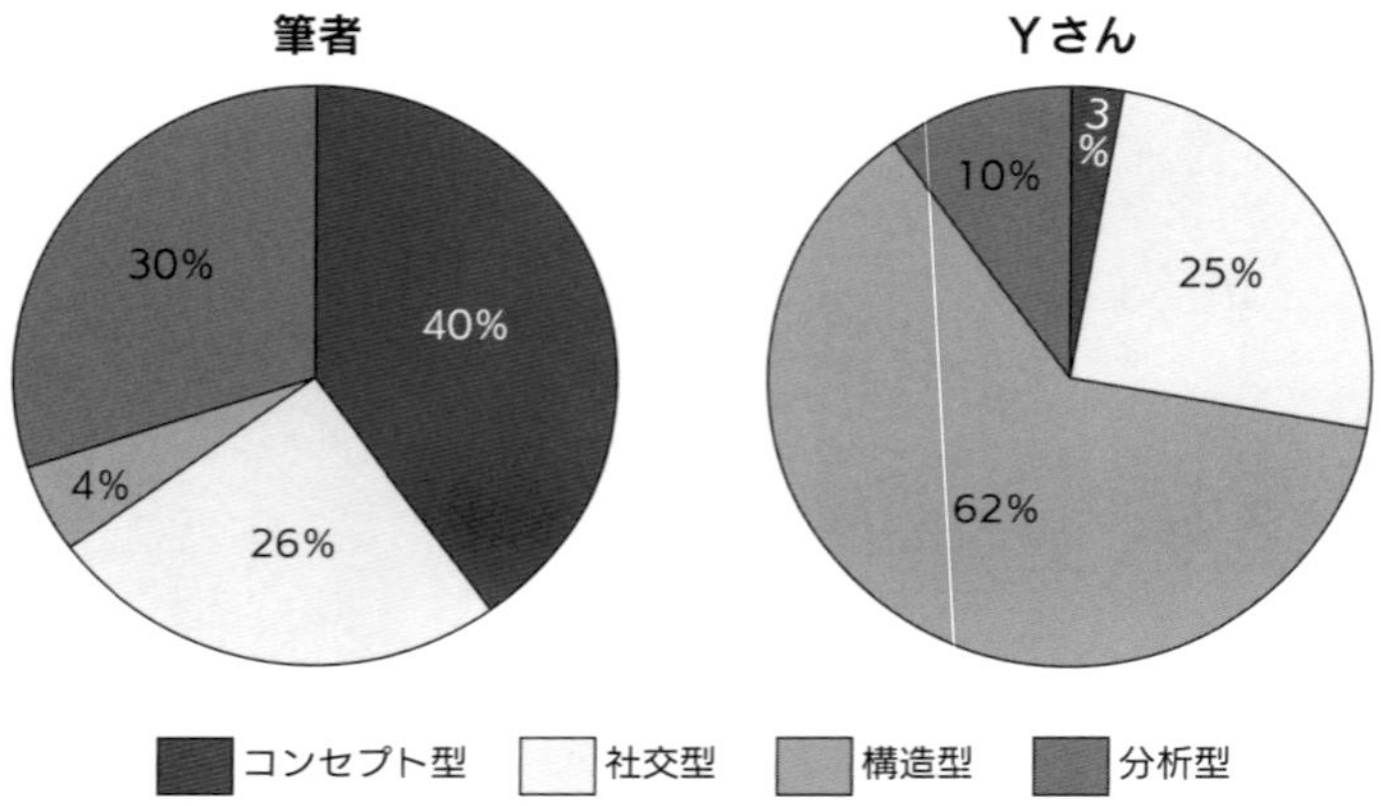

筆者は、創造的な「コンセプト型」と論理的な思考をする「分析型」で７割を占めている。一方、幹部社員のＹさんは、実用性を重視する「構造型」が約６割。筆者とは対照的だが、その分お互いに足りない部分を補完できる関係だともいえる。

の特性は、思ったらすぐに行動してしまうというもの（上図参照）。「いつからいつの予定で中国に行きます、みなさんもスケジュールを調整してください」と幹部に流しました。

すると、視察の日程が長期休暇と重なっている幹部のYさんがいました。Yさんは、人間関係や感情を大切にするタイプ（上図参照）。Yさんから「ないがしろにされたようで悲しい」と連絡が入りました。

私は、相手の思考特性を知っています。ですから「あなたの率直な意見はありがたいよね」と返しました。無理なら研修に参加しなくてもいいと伝えたのです。すると、相手から「大丈夫です」と返ってきて、もめることなく収まりました。相手も、私の思考特性を知っているので、トラブルを予防できたのです。

私たちはお互いの特性がよくわかっています。しかし、そうでなければ、「どういうことなんですか！」と言われて、「何!? 俺は会社のためを思って計画したんだ！」といった会話になってしまったかもしれません。

共通の価値観、言語、ツールがある組織は強いのです。 しかし、共通の価値観を養うといっても、それだけでは抽象的すぎてわかりにくいもの。方眼ノートや「ＥＧ」などのツールを使って目に見えるカタチにすることが大切です。

8 人脈と専門家集団はアップグレードしていく

わが社は今、多くの外部の人に関わってもらっています。それによって、できることが大きく広がっているという実感があります。

例えば、販売促進や集客について、その分野を得意にしている友人の力を借りています。その人は整骨院を営んでおり、自ら学んだ理論でウェブサイトのランディングページ（ユーザーが最初に訪れるページ）を制作したり、広告を打ったりして、今はほとんど口コミとリピートだけで集客をしています。

彼からは、コピーライティングはどうするか、問い合わせのあったお客様に対してどうヒアリングして、どうクロージングをかけるかといったことを教わっています。そういう人がいるから私も安心して社員に任せられるのです。

もう1つ、ウェブマーケティングについても外部の人に社員教育をお願いしています。当初は、社員をウェブマーケティングの研修に行かせて、自前でやるつもりでしたが、マーケティングをやったことがない人にやらせるのはハードルが高いことがわかりました。

講師はマーケティング人材専門の副業人材マッチングサイトで見つけました。本業はウェブで販売代理店を運営していて、副業でウェブマーケティングを教えたい、という社長さんです。今は、わが社のウェブまわりのセッティングからウェブ上の各種対策までを担当してもらっています。そこに当社の担当をつけて、学ばせています。

専門性をもっている外部の人たちは、私たちにはないノウハウをもち込んでくれるだけでなく、社員たちのスキルアップもサポートしてくれるのです。

さらに、2020年にはインドの学生をシステムエンジニアとして採用しました。その準備として、今、インターンシップを行っています。その学生はインドに住んでいるので、遠隔でのインターンシップです。そこで、英語と日本語のコミュニケーションが取れて、なおかつソフトウェアの開発がわかるような人を探すことにしました。

フェイスブックで投稿したところ、知人からの紹介で大手の開発会社にいた人と知り合いました。その人は、インドでのオフショア開発（システム開発を海外企業へ委託すること）のプロジェクトマネジャーを経験したというではありませんか。しかも独立を考えているとのこと。これほどの適任者はいませんから、早速その人に関わってもらうことにしました。前出の学生が来日したあとも、その人に手伝ってもらうつもりです。

以前はなかなか前に進まなかったいくつかの案件が、人のネットワークを広げることによってものすごいペースで動き始めました。

他にも、日本の大手シンクタンクに15年くらいいて、今はインドに帰国して大手企業のプロジェクトマネジャーをやっているインド人とも知り合いました。インドつながりで様々な人たちと知り合い「インドで何かやれないか？」という話がもち上がっています。

こんなネットワークはなかなかもてるものではありません。

未来の展望を考えた時、２０３０年を待たずして、インドが人口ナンバーワンの国になると見込まれています。そういう国と何かしらつながりをもてたのは、大きなチャンスだと思っています。

二代目社長は、先代から受け継いだ会社があります。しかし、中小企業は社内のリソースに限りがあります。だからこそ、外部の人脈や専門家集団とのネットワークは、中小企業の大きな力になるのです。**外部のネットワークをアップデートしていくことが、会社の未来を切り開くことにつながっていくのです。**

Coffee Break ⑥

成功体験という過去すらも変わっていく

私にとっての大きな成功体験の1つは野球です。

川越商業高校の捕手として甲子園に出場し、その後は明治大学の野球部、就職してからは東芝府中の野球部でプレーをしてきました。

少年野球チームに入ったのは小学校4年生からでしたが、実はそのころの私は肥満児だったのです。中学生のころ、小学生時代の写真を見つけたのですが、あまりの肥満児ぶりに自分でも誰だかわからないほどでした。見つけた写真には、風呂上がりでタオルを巻いて、チーズケーキか何かを食べている太った男の子が写っていたのです。私は思わず「これ、誰？」と母に聞いてしまいました。

小学校6年生の時に野球が面白くなり始めました。このまま中学校でも野球を続けたいと思っていましたが、太った体では練習についていけないと考え、走り始めたのです。毎日3㎞くらい走り込みました。腹筋、腕立て、背筋を毎日50回ずつやったこともあります。夜、学校の校庭に行って、鉄棒で懸垂をしたこともあります。誰かに言われたわけではありません。自分で決めて、自分で走りました。すると、どんどんやせていき、腹筋も割れてきました。

小学生時代は足が遅かったのですが、中学に入ってやせてきたら、クラスでトップクラスの速さになりました。

努力することによって、みるみる自分が変わっていったのです。そして、野球少年の夢である甲子園に出場できたのです。

なぜ、野球で成功体験を味わえたのか。私はずっと「努力したから」だと考えていました。自ら努力して、一生懸命練習したから成功したと思っていたのです。成功するためには努力が必要だという前提で考えていました。逆にいうと、結果が出ないのは努力が足りないからだと考えていたのです。

ところが、秋山ジョー賢司さんのセッション（［Coffee Break ②］参照）で過去を洗い出して、考えが変わりました。

私が野球を続けようと思ったきっかけの1つが、小学生の時に市大会や県大会を勝ち抜いて関東大会に進んだものの、負けてしまったことでした。

秋山さんから「大澤さんはどこ守っていたんですか？」「何をやったんですか？」「その時、どんなことを意識していたんですか？」といくつも質問が投げかけられました。

体が大きかった私は、小学生時代はファーストを守っていて、「とにかくどんな球でも捕るから安心して投げてこい」みたいな感じでした。

そんな私に秋山さんはこう言いました。

「まず大澤さんが何でも捕ってあげるよという安心感を与えたことによって、まわりのメンバーも力を発揮したから結果が出たんだよね？　それは努力したからというよりも、まわりに安心感を与えたからうまくいったんだよ」。

私は目からうろこが落ちました。そんなことをまったく考えていなかったからです。自分が努力したから成功体験を味わえたと思い込んでいました。「成功するには努力が必要だ」という私の大前提は書き換えられたのです。

それ以来、私の過去はまったく別のものになりました。過去が変わると、自分の価値観も変わることを身をもって感じた瞬間でした。

おわりに　家業にとらわれない挑戦を

自分の意志で継いだというのは、錯覚？

先代が亡くなって家業を継いで、私は自由にやっているつもりでした。経営者というポジションに立つと、社員よりは自分の考えを反映させやすいものです。自分で色々なことを選べると思い込んでいました。ところが実際には、自分が選んでいると思っていたのは、父から受け継いだ事業の範囲でのことだったのです。初めから会社というものがあって、その枠の中で物事を考えていたのです。

本当にやりたいこと。本当はできること。こうしたことに気づいていませんでした。もしかしたら薄々は気づいていたのに、やろうとしなかったのかもしれません。

どの会社でも、先代や先々代は、跡継ぎに関しては何らかの手を打っているはずです。この前、やはり家業を継いだある社長さんとそんな話をしていて、「私はおじいちゃんに洗脳された」と言っていました。小さいうちから「お前はこの会社を継ぐんだ」と繰り返し言われていたそうです。私の父は特にそんなことは言っていませんでしたが、小さい時から父に会社や現場に連れて行ってもらったりするうちに、自然と会社に対しての親近感は湧いていたと思います。

私は大学卒業後、社会人野球でプレーするために東芝府中に入りました。社会人のころ、父や父の知り合いと一緒に食事をすると、「将来どうするんだ？　親の会社に入るんだったら早いうち、30歳前がいいよ」などとアドバイスされたものです。今思うと、私が父の会社を継ぐように、外堀から埋められていたのかもしれません。そして自分自身の気持ちも、何となく会社を継ぐ方向になっていったのです。

私は、本当は教師になるのが夢でした。教師になって、中学野球の指導者になりたいと思っていたのです。大学時代には教員免許も取りました。しかし、東芝に数年勤めたのち、父の会社を継ぐと自分で決めて入社しました。今思えば、自分が決めたというのは錯覚で、父に誘導されたのかもしれません。

■二代目社長が変われば、日本が変わる

創業者はリーダーシップがあるけれど、二代目はでくの坊。どうしても、そんなふうに見られがちです。まわりに影響されて、二代目はリーダーシップに欠けるというイメージの枠の中で終わってしまうケースもあるのではないでしょうか。

親との確執や先代の時からの幹部との軋轢《あつれき》といった問題を抱えて、大変な苦労をされている二代目も多いでしょう。

第5章7で述べたように、ＣＥＳに行って痛感しましたが、これからはアイデアさえあれば設備がなくても個人が製造業を起こせる時代です。やろうと思えば、何でもできてしまいます。

ただ、ゼロイチで起業するのはすごく大変です。バイタリティーも能力もある若者が社会の課題を解決しようとお金をかき集めて事業を立ち上げても、なかなか長続きしません。その点、私たち二代目・三代目はベースがあるので圧倒的に有利です。ゼロイチではないから失敗しても余裕があります。

逆説的ですが、余裕があるからこそ、ゼロイチのビジネスに挑戦できるのです。すでに

事業基盤があるというのは大きな武器です。

これまでは「家業に専念しなさい」というのが経営のセオリーだったかもしれません。しかし、今はそこにとらわれないでいいのです。すでに会社があるからこそ、自分がやりたいことをやりやすい。

これからの世の中のために、もっと大きく言ってしまえば、人類への貢献に向けて事業を立ち上げられる立場なのです。

日本の企業のうち、99・7%が中小企業です。そして、その多くが家族経営的な企業です。そういう企業の後継者たちが、そこに気づいたら、新しい価値を生み出せる世の中になっていくのではないでしょうか。

これからの時代、覚悟が重要だと思います。これが正しいというものがなくなります。正解のない中で、自分で正解を選んだり、自分で正解をつくったりしなければならない。その覚悟が必要です。私たち二代目・三代目は「この会社を経営する」という覚悟を、もしかすると創業者以上にもっているかもしれません。

辞めて転職するわけにはいきませんから、何があっても起こったことを受け入れて、どうにかしようと常に考えるしかありません。私たちは、会社から逃げるわけにはいかないのです。

本業というしがらみを捨て、幹部に辞められたくないという恐れを捨て、先代を超えたいという思いを捨てることができれば、自らやりたいことに挑戦できるのです。

二代目社長がチャレンジすることが、ひいては世の中を変えることにつながります。

本書が、二代目・三代目が自分自身を超えていくきっかけとなれば、これ以上の喜びはありません。

2020年10月

株式会社フィールドプロテクト
代表取締役社長
大澤　希

●著者プロフィール

大澤　希（おおさわ　けい）

株式会社フィールドプロテクト　代表取締役社長

1971年生まれ。埼玉県狭山市出身。

中学、高校と野球に熱中し、高校3年時の夏の甲子園大会に捕手として出場。明治大学に進学し、六大学野球を経験。卒業後も東芝府中で社会人野球の選手として活躍。

1996年、株式会社フィールドプロテクトに入社し、古紙の回収業務やビルメンテナンスなど、現場の仕事を覚えることからスタート。父で先代社長である譲司氏の片腕として会社を支える傍ら、地域活動にも精力的に取り組む。

2007年には狭山青年会議所理事長として、子どもたちの生きる力を育む「むさし100km徒歩の旅」を立ち上げ、青少年育成に11年間取り組む。

2009年には青年会議所の埼玉ブロック協議会会長、2010年からは青年会議所の国際資格であるJCIトレーナーとして地域の経営者のリーダーシップなどの研修活動を行う。

2016年4月、現職の代表取締役に就任。アソシエイトの資格をもつ「エマジェネティックス®」や研修経験を生かし、人材育成と仕組み化に取り組み、多角的経営にチャレンジしている。


普段の自分が通用しない世界で自分をコントロールする力を学べることから3年前よりスキューバダイビングを始める。

座右の銘は自身のモットーである「今の自分で勝負する」に通じる「This is me!」。

愛読書は小説の『イリュージョン』。

企画協力　株式会社天才工場　吉田　浩
編集協力　山口　慎治、長谷川　華
組　　版　GALLAP
イラスト　Shima.
装　　幀　早田　奈央（aozora.tv）
校　　正　菊池　朋子

先代は教えてくれない　二代目社長の生き残り戦略
今あるものを「捨てる」覚悟「守る」使命

2020年11月26日　第1刷発行

著　者　大澤　希
発行者　山中　洋二
発　行　合同フォレスト株式会社
郵便番号 101-0051
東京都千代田区神田神保町 1-44
電話 03（3291）5200　FAX 03（3294）3509
振替 00170-4-324578
ホームページ　https://www.godo-forest.co.jp
発　売　合同出版株式会社
郵便番号 101-0051
東京都千代田区神田神保町 1-44
電話 03（3294）3506　FAX 03（3294）3509
印刷・製本　新灯印刷株式会社

■落丁・乱丁の際はお取り換えいたします。

ISBN 978-4-7726-6173-7　NDC 336　188×130

合同フォレストSNS

合同フォレスト
ホームページ

facebook　Instagram　Twitter　YouTube